현대사상 입문

現 代 思 想 入 門

현대사상
입문

Jacques Derrida

Gilles Deleuze · Michel Foucault

Friedrich Nietzsche · Sigmund Freud

Karl Marx · Jacques Lacan

Pierre Legendre · Emmanuel Levinas

Catherine Malabou · Quentin Meillassoux

Graham Harman · François Laruelle

**데리다, 들뢰즈, 푸코에서 메이야수, 하먼, 라뤼엘까지
인생을 바꾸는 철학**

지바 마사야 지음   arte   **김상운 옮김**

차례

2 — 들뢰즈 : 존재의 탈구축

3 — 푸코 : 사회의 탈구축

4 — 현대사상의 원류 : 니체, 프로이트, 마르크스

5 — 정신분석과 현대사상 : 라캉, 르장드르

6 — 현대사상을 만드는 방법

시작하며

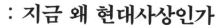

: 지금 왜 현대사상인가

Jacques Derrida
Gilles Deleuze
Michel Foucault
Friedrich Nietzsche
Sigmund Freud
Karl Marx
Jacques Lacan
Pierre Legendre
Emmanuel Levinas
Catherine Malabou
Quentin Meillassoux
Graham Harman
François Laruelle

지금 왜 현대사상을 배우는가

이 책은 현대사상에 입문하는 책입니다.

여기서 말하는 '현대사상'이란 1960년대부터 1990년대를 중심으로, 주로 프랑스에서 전개된 '포스트구조주의' 철학을 가리킵니다. 프랑스를 중심으로 한 것인데도, 일본에서는 종종 이를 '현대사상'이라고 부릅니다.

이 책에서는 그 대표자로 세 명을 꼽고 싶습니다.

자크 데리다Jacques Derrida, 질 들뢰즈Gilles Deleuze, 미셸 푸코 Michel Foucault입니다.

그 밖에도 자크 라캉Jacques Lacan이나 퀑탱 메이야수Quentin Meillassoux 등도 건드리지만, 이 책에서는 아무튼 데리다, 들뢰즈, 푸코라는 3파전을 꾹꾹 짚어 둡니다. 이 세 사람으로 현대사상의 이미지를 파악할 수 있다! 그것이 이 책의 방침입니다.

그렇다면 지금 왜 현대사상을 배울까요?

어떤 장점이 있을까요?

현대사상을 배우면 **복잡한 것을 단순화하지 않고 생각할 수 있게** 됩니다. **단순화할 수 없는 현실의 어려움을 전보다 '높은 해상도'로 파악할 수 있게** 될 것입니다.

—— 이렇게 말하면, "아니, 복잡한 것을 단순화할 수 있는 것이 지성 아닌가?"라며 딴지를 걸지도 모르겠습니다. 하지만 이에 대해 저는 "세상에는 단순화하면 망가지는 리얼리티가 있고 그것을 존중해야 한다"라는 가치관 혹은 윤리를 우선 제시하고 싶습니다. 이 말을 듣고 "흠, 그렇군"이라고 생각하면 좋겠지만, "뭔 소리래?"라며 짜증을 내는 분도 있을지 모릅니다. 아무튼 읽어 보고 도움이 되는지 판단해 주면 감사하겠습니다.

이 첫머리에서는 지금 왜 현대사상인지를 조금 더 설명하겠습니다.

크게 말해서 현대에는 '제대로 하는' 방향으로 여러 개혁이 진행되고 있습니다. 제 의견인데, 저는 이것 때문에 생활이 더 갑갑해지고 있다고 느낍니다.

똑바로 해야 한다, 제대로 해야 한다. 즉, 질서화입니다.

질서에서 벗어나는 것, 깔끔하지 못한 것, 일탈을 단속해서 사회가 규칙대로 산뜻하게 움직이게 하고 싶다는 것입니다. 기업에서는 '컴플라이언스'[1]를 의식하게 되었습니다. 기업에서뿐만 아니라 개인의 생활에서도 우리는 넓은 의미에서 컴플라이언스적인 의식을 갖게 되었다고 할까, 뭔가 불평을 듣지 않으려고 움찔하는 삶의 방식을 취하고 있는 게 아닐까요. 지금보다 '잡다雜多'[2]했던 시대의 습관을 던져 버리는 것이 필요한 측면도 있을 것입니다. 그러나 개혁의 칼날이 오히려 이를 휘두르는 사람에게 상처를 입히지 않을까요?

현대를 이렇게 파악하는 방식에 관해 여기서는 아주 대략적으로만 언급하기로 합니다. 음, 구체적으로 어떤 문제가 있는지 예를 들자면, 그 예에만 주목해서 거부해 버리고, 즉 "당연히 그렇게 해야지"라며 논의의 필요성 자체가 없다고 반발하면서 이야기를 들어주지 않을 수도 있기 때문입니다.

그래서 시대의 큰 경향만 말해 둡니다. 현대는 더욱더 질서화, 청정화로 향하고 있으며, 그때 반드시 규칙에 들어맞는 것은 아닌 사례, 규칙의 경계선이 문제가 되는 어려운 사례는 종종 무시되는 일이 있다고 저는 생각합니다. 어떤 문제가 생겨서 재발 방지책을 세울 경우, 그 문제의 예외성이나 복잡성은 무시되고 천편일률적으로 규제를 늘리는 방향으로 향하기 일쑤입니다. 그게 단순화인 거죠. 세계의 미세한 요철이 불도저로 고르게 되어 버리는 것입니다.

일을 제대로 하려는 '으라차차'[3]의 의지는 개별 구체적인 것에서 눈을 떼는 방향으로 움직이는 것은 아닐까요?

---

1 영어의 'compliance'는 보통명사로 '법이나 명령, 누군가의 요청에 응하는 행위나 과정'을 가리킨다. '명령이나 요청 등에 대한 준수'라는 의미이며 좀 더 강하게는 '고분고분하게 따르다'라는 복종obedience의 의미로도 이해된다. 따라서 '컴플라이언스적인 의식'이란 '규칙 준수 의식' '준법 의식' 등의 의미를 넘어서 '책잡히지 않으려는 의식'으로 이해하면 되겠다.

2 원래는 '잡다雜多'에서 '다'가 없으나 맥락을 고려해 '다'를 추가했다.

그래서 현대사상입니다.

현대사상은 질서를 강화하는 움직임에 대한 경계심을 갖고 질서로부터 거리를 두는 것, 즉 '차이'에 주목합니다. 그것이 오늘날 인생의 다양성을 지키기 위해 필요하다고 생각합니다.

인간은 역사적으로 사회 및 자기 자신을 질서화하고 노이즈〔잡음〕를 배제하며 순수하고 올바른 것을 지향하는 길을 걸어왔습니다. 그런데 이런 흐름과는 반대로 **20세기 사상의 특징은 배제되어온 불필요한 것을 창조적인 것으로 긍정했다**는 것입니다.

4장에서 설명하겠지만, 거슬러 올라가면 그 원점은 19세기 니체의 철학에 있습니다. 니체는 『비극의 탄생』에서 '디오니소스적인 것'이라는 표현으로 거칠게 휘몰아치는 일탈의 에너지를 창조적인 것으로 긍정했습니다.

일탈에 창조적인creative 것이 깃들어 있다는 사고방식은 20세기 전체를 통해 대중화되었습니다. 예술가에게는 엉망진창인〔엉뚱한〕 면이 있다는 식의 이미지네요(지금은 이것마저도 '쇼와'시대에 만들어진 이미지로 여겨지고, 지금은 품행이 단정한 사람을 선호하게 된 것일지도 모릅니다).

예정을 넘어서 아침까지 술을 마신다든가, 갑자기 "지금 바다에 갈까"라면서 렌터카로 드라이브를 떠난다든가, 이 정도면 일상적으로 일어날 수 있는 가벼운 일탈로, 청춘영화 같은 상쾌함을 줍니다. 〔청춘의〕 '기세'네요. 다른 한편으로, 가장 극단적으로는 범죄라는

---

3 여기서 '으라차차'로 번역한 단어는 원래 '良かれ'이다. 이건 '좋아, 한번 해 보자'의 뉘앙스를 담고 있어서 의역했다.

일탈이 있습니다. 그렇다면 격렬한 사회운동에서 법적으로 합법과 탈법 사이의 경계에 아슬아슬하게 걸쳐 있는 행동 등은 어떨까요? 법의 허점을 찌르는 교활한 사업은 어떨까요? 일탈에는 실로 다양한 양태가 있습니다. 생각해 보았으면 하는데요, 나치 독일의 유대인 박해는 법에 의해 수행된 것이라 저항하려면 위법행위, 즉 일탈이 필요했습니다.

원래 규칙을 따르는 상태란 무엇일까요? 법적으로 합법이냐 위법이냐 하는 건 해석이 필요하고, 그래서 법조계의 일이 있는 것이며, 버튼을 누른다고 답이 나오는 게 아닙니다. 여기에는 솔 크립키 Saul Kripke라는 미국 철학자가 생각한 '규칙의 역설'이라는 유명한 문제가 숨어 있습니다. 자세히 알고 싶다면 이이다 다카시의 『규칙과 의미의 역설』[4]을 읽어 보세요.

저는 1978년생으로, 1990년대부터 2000년대에 걸쳐 정신을 형성한 사람이기 때문에 20세기적인 것을 줄곧 짊어지고 있는데요, 디지털네이티브digital native 세대[5]가 보면 일탈을 긍정적으로 생각

---

4   飯田隆, 『規則と意味のパラドックス』, 筑摩書房, 2016. 이 책은 한국어로 번역되지 않았지만, '규칙의 역설'에 대해서는 다음을 참조할 수 있다. 김준형, 「크립키의 회의적 역설과 언어공동체의 문제」, 철학논구(40집), 서울대철학과, 2012.

5   태어나면서부터 디지털기기에 둘러싸여 성장한 세대라는 의미이나, 한국의 경우 1980~2000년 사이에 태어난 세대를 가리키는 반면, 일본에서는 1990년대와 2000년대 사이에 태어난 세대를 가리키는 용어. 이전 세대는 아무리 노력해도 아날로그적 취향을 완전히 떨치지 못해 이주민으로 전락한다는 의미에서 '디지털 이주민digital immigrants'으로 간주된다. 미국의 교육학자 마크 프렌스키Marc Prensky가 2001년에 발표한 논문 「디지털 원주민, 디지털 이민자Digital Natives, Digital Immigrants」에서 처음 사용했다.

하는 것에 위화감이 들 수도 있을 겁니다.

"훔친 오토바이로 달리기 시작하다"라는 유명한 가사가 있는데,[6] 그것은 예전에는 (사람들을) 옭아매는 사회 질서의 '바깥'으로 나간다는 해방적인 이미지로 포착되었습니다. 그런데 오늘날에는 "다른 사람에게 폐를 끼치는 것은 있을 수 없는 일이다"라는 견해가 꽤 진심을 담아 얘기되는 것 같습니다. 그런 해석은 처음에는 농담이었는데 말입니다.

오늘날에는 질서유지, 안심·안전 확보가 주된 관심사여서 예전처럼 '밖'으로 향하는 운동에 대해 그렇게 단순하게 축하의 말을 할 수 없게 되었습니다.

그런 상황에 대해 저는, 다양한 관리를 강화함으로써 아무도 상처받지 않고 안심하고 안전하게 살 수 있는 곳이 정말로 유토피아일까 하는 의심을 가져 주었으면 합니다. 왜냐하면 그것은 전시 파시즘과 비슷하기 때문입니다.

저는 조부모님이 전쟁을 겪으셨기에 모두가 한마음으로 한 방향으로 나아가는 것에 대한 경각심을 그나마 겨우 배운 세대입니다. 그러한 쇼와시대에 대한 기억이 있기 때문에 한 명이 도망칠 가능성이 윤리적으로 항상 옹호되어야 한다고 생각합니다. 범죄를 억제해야 한다고 해도, 과도한 관리사회가 확대되는 것에 대한 경계심은 말해야 합니다. 현대사상은 바로 그 점과 관련되어 있으며, 사람이 자유롭게 사는 것의 어려움에 대해 이야기하는 사상이라고 생각

---

6 오자키 유타카尾崎豊의 노래 「15の夜(The Night)」에 들어 있는 가사.

합니다.

질서를 만드는 사상은 그것대로 필요합니다. 그러나 다른 한편으로 질서에서 벗어나는 사상도 필요하다는 이중 체계로 생각해 주었으면 합니다.

예를 들어 책상 위가 엉망이면 기분이 나쁘기 때문에 정리 정돈을 하고 싶어집니다. 그런데 지인인 아티스트한테서 들은 이야기인데, 책상 위가 너무 깔끔하게 정리되어 있으면 그림이 '딱딱'해져 버려서 오히려 대충 한다고 해요. 이 감각은 저도 알아요. 인간이 인공적으로 만들어 내는 질서가 아닌 뭔가 더 유기적인 노이즈 같은 게 없으면 사고가 경직되어 버리거든요. 저는 책상에 식물을 올려놓고 있습니다. 식물은 자연의 질서를 따르면서 동시에 인간의 언어적 질서를 벗어나는 외부를 보여 줍니다. 식물은 마음먹은 대로 관리할 수 없어요. 제멋대로 뻗어 나가고 증식하기도 합니다. 그런 '타자'로서의 식물에 가끔 눈을 돌리면, 사물을 말로 옭아매려는 경향에 바람구멍을 뚫는 효과가 있습니다.

동물을 키우는 것도 그래요. 타자가 자신의 관리 욕망을 교란하는 것에서 사람들은 오히려 편안함을 찾아냅니다. 이런 게 역설적입니다. 모든 것을 관리하려고 할수록 약간의 일탈 가능성마저도 신경이 쓰이고 불안에 사로잡힙니다. 오히려 질서의 교란을 거부하지 않음으로써 불안은 가라앉습니다. 그래서 사람들은 연애도 하고 결혼도 하는 겁니다. 그것은 질서를 만들기 위해서라기보다는 교란 요인과 함께 살아가는 것이 필요하기 때문일 겁니다.

입문을 위한 입문

그나저나 '현대'사상이라고 말하기는 해도, 이미 낡아 버렸다는 것은 부인할 수 없습니다. 20세기 후반의 사상이며, 현대 세계는 그 무렵과는 많이 달라졌으니까요. 게다가 인터넷이 등장하기 전의 사상입니다.

이런 셈이어서 지금 현대사상 책을 읽는 것은 상당히 어렵다고 생각합니다.

데리다를 읽으려면 그 전 단계인 '구조주의'에 대한 이해가 조금은 필요하고, 라캉의 정신분석(프랑스 현대사상에서 정신분석의 중요성에 대해서는 나중에 자세히 다루고 싶습니다)에 대한 지식이 있어야 하는 등 암묵적인 전제가 많습니다.

21세기가 되면서 일선 연구자들이 쓴 쉬운 입문서가 많이 나오기 시작했습니다. 그런 출판 상황이 되고 나서 독서를 시작한 세대가 보기에 20세기 후반에 쓰인 학문적 글은 너무 불친절하고 암호문 같아서 충격을 받을 겁니다. 분노를 느끼는 사람마저 있다고 한들 이상하지 않다고 생각합니다(하지만 옛날에는 독자에게 일정 이상의 교양을 요구하고, 읽을 수 없다면 읽을 수 없는 것이 나쁘다고 지적하는 것이 보통이었습니다. 그래도 독자는 따라가려고 했습니다).

예를 들어 LGBTQ(성소수자)의 권리에 관해 결정적인 작업을 한 주디스 버틀러Judith Butler라는 미국 사상가가 있는데, 그의 『젠더 트러블』(1990)[7]은 인간의 욕망에 이성애가 반드시 기본인 것은 아니라는 점을 독특한 논법으로 보여 준 책입니다. 『젠더 트러블』은

젠더, 섹슈얼리티에 대해 공부하려면 한 번은 거쳐야 하는 책인데, 본서에서 설명하는 데리다의 탈구축적인 사고방식과 정신분석의 지식을 전제로 하고 있습니다. 게다가 아무런 사전 예고도 없습니다. 아마 필독서라는 얘기를 듣고 이 책을 읽으려고 해도 이 한 권만으로 제대로 읽어 낼 수는 없을 겁니다. 버틀러는 현대사상의 응용 편 같은 작업을 하고 있기 때문입니다. 어쨌든 현대사상 전체가 지금은 풀 수 없는 암호문처럼 되어서, 어떤 주변 지식이 필요한지도 포함해 설명해 주지 않으면 읽을 수 없게 되어 버렸습니다.

하지만 본서를 읽으면 버틀러의 『젠더 트러블』에도 한 걸음 다가설 수 있습니다. 그렇지 않으면 전혀 감당할 수 없습니다. 곧장 읽을 수는 없어요. 이 책으로 출발해서 더 자세한 입문서에 손을 뻗쳐 주세요. 잠시 후에 책 소개도 하겠습니다. 데리다에 대해서도 좋은 입문서가 있고, 일본에는 아즈마 히로키의 『존재론적, 우편적: 자크 데리다에 대하여』[8]라는 매우 중요한 연구서도 있습니다. 이것은 본격적인 연구서이지만, 추리소설처럼 읽을 수도 있는 흥미로운 책이니 데리다에게 관심이 있다면 꼭 읽어 주었으면 합니다. 이 책은 그런 단계로 나아가기 위한 첫걸음, 즉 '입문을 위한 입문' '입문서를 위한 입문서'입니다. 그래서 상당히 대략적으로 서술한 부분도 있으니, 그 점은 전문가분들께서 양해해 준다면 감사하겠습니다.

전문가라도 갑자기 맨몸으로 읽은 것이 아니라 대학의 선생이나

---

7   주디스 버틀러, 조현준 옮김, 『젠더 트러블』, 문학동네, 2008.

8   東浩紀, 『存在論的 郵便的: ジャック・デリダについて』, 新潮社, 1998. ; 아즈마 히로키, 조영일 옮김, 『존재론적, 우편적: 자크 데리다에 대하여』, 도서출판b, 2015.

선배와 대화하면서 "데리다는 대체로 이런 얘기를 해"라는 모종의 상식을 듣고 "그런 거구나"라며 읽기 시작했을 겁니다. 하지만 일반 독자에게는 그럴 기회가 없습니다. 그래서 본서에서는 전문가들의 세계에서 최근 30년 정도 "그런 것이다"라고 생각되어 온 현대사상의 기초를 일반에 개방하고 싶습니다.

포스트구조주의와 포스트모던

아까 아무런 설명도 없이 '포스트구조주의'라는 표현을 썼는데, 이 용어는 데리다나 들뢰즈 등을 묶어서 말할 때 사용됩니다. '포스트'는 '이후'라는 뜻이므로, '포스트구조주의'는 '구조주의 이후를 잇는 사상'이라는 뜻입니다. 다만 본인들이 그렇게 자칭한 것이 아니며, 이 호칭에 대해서는 비판도 있습니다. 여기서는 일단 데리다 등을 묶기 위한 폴더로서 중립적으로 사용하겠습니다.

포스트구조주의에 대해서는 '포스트모더니즘' '포스트모던 사상'이라는 표현도 있지만, 후자는 나쁜 의미로 불릴 수도 있어서 그다지 적극적으로 사용하고 싶지 않습니다. 포스트모던, 즉 '근대 이후'라고 말할 때에는 1970~1980년대 이후를 상정하는 경우가 많으며, 그 시기가 포스트구조주의 시대입니다.

이 포스트모던이라는 시대에 대해 설명해 두겠습니다.

포스트모던이란 '근대 이후'입니다. 원래 '근대'란 오늘날 우리가 사는 사회의 기본이 생긴 시대로 17세기부터 19세기 무렵을 가리킵니다(학문 분야에 따라 범위가 다릅니다). 근대란 시민사회와 진보주의, 과학주의 등이 결합된 것입니다.

대략적으로 근대는 민주화가 진행되고 기계화가 진행되면서 오래된 습관을 버리고 더 자유롭게 살 수 있게 되어 "인간은 진보해 가는구나"라고 모두가 믿는 시대입니다. 모두가 똑같이 미래를 향했습니다.

그 후 세계 경제가, 즉 **자본주의가 발전하면서 가치관이 다양해지고 공통의 이상이 상실된 것 아닌가 하는 것이 포스트모던 단계**입니다. 이를 **'거대 서사〔큰 이야기〕'가 없어졌다**고 표현합니다(이 '거대 서사'라는 개념은 장 프랑수아 리오타르Jean-François Lyotard라는, 역시 포스트구조주의 철학자의 것입니다).

그러한 상황은 1990년대 후반부터 인터넷이 보급되면서 더욱 뚜렷해졌습니다. 지금 누리소통망SNS을 들여다보면 세세하게 다른 무수한 주의·주장이 얘기되고 있는데, 그런 다양성에 의해 세계가 더 행복해졌는가 하면, 오히려 실랑이의 가능성이 늘어나서 세계는 스트레스를 더 많이 느끼는 것 같습니다. 제게는 이렇게 현 상황에 대한 부정적인 생각이 있지만, 그건 그렇다 치고, '지금도 여전히 누구나 진보를 믿고 미래를 향하고 있는 근대인가?'라는 의문을 가지는 것은 그리 이상한 일이 아닐 겁니다.

포스트모던의 상태를 좋게 보는 포스트모던 사상, 포스트모더니즘은 "목표해야 할 올바른 것은 없다" "모든 것은 상대적이다"라는 '상대주의'라고 자주 얘기됩니다. 그리고 데리다와 들뢰즈 등이 그 우두머리라는 말을 듣기도 합니다.

상대주의 비판＝포스트모던 비판＝현대사상 비판이라는 것입니다.

왜 상대주의는 안 되는 것일까요? 뭐든지 다 될 수 있으니까요. 사실에 근거하지 않는 음모론이나 남을 억압하고 폭력을 긍정하는 듯한 주장에도 여지를 줄 수 있습니다. 도널드 트럼프가 대통령이 된 시기에는 거짓말을 사실인 것처럼 밀어붙이는 것을 '포스트트루스post-truth'라고 부르게 되었는데, 그러한 '세상의 혼란'의 원인이 과거의 포스트모던적 현대사상에 있다고 비판하는 사람도 나왔습니다.

이건 부당하다고 생각해요. 진리의 존재가 흔들리고 사람들이 뿔뿔이 흩어지는 것은 세계사의 어쩔 수 없는 추세이며, 일찍이 현대사상은 그 시작에 반응하여 그것이 어떤 것인가 하고 이론화를 시도했습니다.

확실히 현대사상에는 상대주의적인 면이 있습니다. 나중에 자세히 살펴볼 텐데 **이항대립을 탈구축하는** 것이 그렇습니다만, 그것은 제대로 이해한다면, "어떤 주의·주장이든 마음대로 골라서 OK" 하는 게 아닙니다. 거기에는 타자와 마주하고 그 타자성＝고유성을 존중한다는 윤리가 있고, 또한 함께 살기 위한 질서를 임시로 유지한다는 것이 이면의 테마로서 존재하고 있습니다. 다들 뿔뿔이 흩어져서 좋다고 말하는 것은 아니에요. **일단 철저하게 기성 질서를 의심해야 근본＝급진적으로 '함께'의 가능성을 다시 생각할 수 있다는 것이 현대사상의 자세stance**입니다.

구조주의

다음으로 '구조주의'에 대해 설명하겠습니다.

구조주의는 1960년대에 프랑스에서 큰 붐을 일으킨 사상이라고 할까, 학문의 방법론으로, 사전을 찾아보면 어려운 정의가 실려 있을 것 같지만, 사실 그렇게 어렵지 않습니다. 감각적으로 파악하면 좋겠어요. 예를 들어 "A라는 영화와 B라는 만화와 C라는 TV 드라마의 스토리가 같은 구조로 되어 있다"라고 말할 때, 여기서 '구조'라는 단어의 사용법과 어느 정도 통합니다. 구조주의라는 것은 그런 이야기입니다. 구조란 대략 '패턴'과 똑같은 의미라고 생각하면 됩니다.

구체적으로는 다르지만 다른 작품이나 장르에서 추상적으로 같은 패턴이 반복되고 있다는 견해는 오늘날에는 흔히 볼 수 있습니다. 서사[이야기]의 패턴을 의식해서 새로운 작품을 만든다 — '확실하게 통하는 것'[9]의 패턴을 사용하거나 패턴을 어긋나게 해서 — 는 것은 구조주의적인 방법입니다. 오쓰카 에이지의 이야기론이 대표적이니 『스토리 메이커: 창작을 위한 이야기론』[10]을 꼭 읽어 보기 바랍니다. 그런 시각을 최초로 전개한 것이 구조주의입니다. 거꾸로 말하면 놀랄지도 모르겠는데, 전에는 무엇이든 패턴으로 생각할

---

9 원문은 '철판鐵板'으로 본래 경륜, 경마 등 도박꾼 사이에서 사용되던 속어가 일반화된 것이다. 확실한 흥행을 보장하는 것이라는 의미로, 개그의 경우 '확실하게 웃길 수 있는 비장의 무기'라는 의미이다.

10 大塚英志, 『ストーリーメーカー: 創作のための物語論』, 星海社, 2013.

수 있다는 것이 자명하지 않았습니다.

그 시대에는 위대한 문학작품과 주간지의 만화가 같은 구조를 하고 있다고 말하는 것은 권위주의에 도전하는 대담한 태도였던 것입니다. 그런 의미에서 구조주의는 '명쾌하게 설명하는' 느낌이 현대적이고, 건조하고, 매우 신선했습니다(본서의 6장에서는 그야말로 구조주의적으로, 현대사상을 '만드는 방법'의 패턴을 분석합니다).

이러한 사고방식이 여러 분야에서 나왔는데, 특히 그 기원에 위치한 것으로 중요한 것이 클로드 레비스트로스Claude Lévi-Strauss의 문화인류학입니다. 레비스트로스는 '구조인류학'이라는 호칭을 붙이고, '인류의 친족관계가 어떤 패턴으로 이루어져 있는가'라는 연구에서 시작해 최종적으로는 전 세계의 신화를 패턴에 따라 분류하고 해석했습니다. 구조주의에는 인류 문명 전체에 미치는 패턴을 발견한다는 동기부여가 있었으며 일종의 보편학을 목표로 하고 있었습니다.

그러나 그에 반해 패턴의 변화나 패턴에서 벗어나는 것, 일탈을 문제 삼고 역동적으로 변화해 가는 세계를 논하고자 한 것이 포스트구조주의라고 할 수 있겠습니다. 비교하면 구조주의는 좀 더 정적static이고, 세계를 패턴의 반복으로 명쾌하게 설명할 수 있다고 생각했던 부분이 있었습니다.

이항대립의 탈구축

자, 그렇다면 현대사상의 대표적인 세 사람인 데리다, 들뢰즈, 푸코를 어떻게 다룰까요?

세 사람에게는 공통의 문제가 있었다고 파악해 둡시다. 이견이 있을 수도 있겠지만, 데리다에게 주도권을 쥐게 하면 이야기를 잘 전망할 수 있을 것 같으니 그렇게 해 보겠습니다.

특히 데리다의 주제이지만, 세 사람의 공통 주제라고 말할 수 있는 것은 '이항대립(이분법)의 탈구축'이라고 생각합니다. 본서를 통해서, 독자 여러분은 '탈구축적'인 사고방식을 몸에 익히게 될 것입니다. 탈구축은 영어로 디컨스트럭션deconstruction입니다. 프랑스어로는 déconstruction이고 악센트 기호가 붙어서 데콩스트뤽시옹이라고 발음합니다. 이것은 데리다의 용어로 들뢰즈와 푸코는 이 말을 사용하지 않았지만, 본서에서는 들뢰즈와 푸코에게도 '탈구축적인 사고방식이 있다'는 식으로 해석하겠습니다.

탈구축이 무엇인지는 1장에서 설명하겠지만, 지금 간단히 말해 두자면, **사물을 '이항대립', 즉 '두 개념의 대립'에 의해서 파악하여 좋고 나쁨을 말하려는 것을 일단 유보한다**는 것입니다.

어쨌든 우리는 사물을 대립으로 파악하지 않을 수 없습니다. 선과 악, 안심과 불안, 건강과 건강하지 못함, 본질적인 것과 비본질적인 것(아무래도 좋은 것) 등등. 우리는 무엇인가를 결정할 때 뭔가 이항대립을 적용해서 좀 더 '좋은' 쪽을 선택하려고 합니다.

선과 악이라는 대립에서 선을 선택하는 것은, 건강과 건강하지 못함의 대립에서 건강을 선택하는 것은 당연하다고 생각할 수도 있습니다. 이것들은 플러스/마이너스가 상식적으로 분명한 대립이지만 더 애매모호한 것도 있습니다. 자연과 문화, 신체와 정신 같은 이항대립은 어느 쪽이 플러스라고 결정할 수 없을 것입니다. 하지만 종종 어느 한쪽에 우위를 부여하는 가치관이 주장되곤 합니다. 어느 쪽을 취하느냐에 따라 주의主義가 갈리는 것입니다. 이러한 사례는 1장에서 설명합니다(자연과 문화를 예로 들겠습니다).

자, 예를 들어 점심으로 돈가스카레를 먹을지 말지 고심하고 있다고 칩시다. 말할 것도 없이 돈가스카레는 칼로리가 매우 높습니다. 카레에는 지방질이 많아서 거의 지방 덩어리를 먹는 것과도 같아요! 그때, 돈가스카레는 맛있겠지 하는 소박한 욕망을 취할 것인가, 아니면 다이어트를 할 것인가 같은 양자택일이 생깁니다.

그 배경에는 마른 몸이 좋은지 아니면 그에 개의치 않는지, 몸에 좋은지 몸에 좋지 않은지 등의 이항대립이 전개됩니다. 욕망대로 살면 건강하지 못하게 되어 악이지만, 참으면 건강해지니 선이라는 것입니다(얘기를 간단하게 하기 위해, 체형 문제는 생략합니다). 이와 같이 무엇인가를 판단할 때에는 확실하게 의식하지는 않아도 이항대립의 계산을 하고 있는 것입니다.

고민 끝에 오늘은 돈가스카레를 먹기로 합니다. 게다가 최근에 다이어트를 의식하고 있는데도 이렇게 선택했다면 오히려 건강에 좋지 않더라도 욕망을, 혹은 쾌락을 취하는 판단을 한 셈입니다. 흔히 있는 일이죠. 인간은 알고 있어도 옳음을 유지하며 살 수 없고 때로는 좋지 않은 일을 하게 마련입니다.

우리는 일상적으로 이항대립을 반드시 엄밀하게 운용하고 있는 것은 아니라고 할까, 실제로는 적당히 대충 합니다. 그러면 일관성이 없으니까 그렇게 해서는 안 되느냐 하면, 그렇다고 말할 수는 없습니다. 여기에는 일관성보다 더 원리적인 문제가 있습니다. 애초에 **이항대립 중 어느 쪽이 플러스인지를 절대적으로는 결정할 수 없다**는 것입니다. 위와 같은 경우에도 건강하지 못한 것이 악이라고(나쁘다고) 일률적으로 말할 수는 없습니다. 장수만이 인생인 것은 아닙니다. 건강하지 못한 생활이더라도 짧고 굵게 사는 인생도, 세상은 이를 좀체 허용하려 들지 않겠지만, 자유롭지 않을까요?

더 나아가 어떻게 살 것인가를 자기 마음대로 결정해도 좋은가, 자유는 어디까지 가능한가 하는 문제가 여기서 생길 것입니다(예를 들면, 건강이 나빠지지 않도록 노력하지 않는 것은 모두가 분담하는 건강보험료를 타인으로부터 많이 '빼앗는' 것이 되니까 그렇게 해서는 안 된다고 말하는 사람도 나옵니다). 자유 vs 사회에 대한 적응, 자율 vs 타율이라는 이항대립을 어떻게 할 것인가에 따라 논란이 됩니다.

이항대립은 어떤 가치관을 배경으로 하느냐에 따라 한쪽이 플러스가 되고 다른 쪽이 마이너스가 됩니다.

또 하나, 질서와 일탈이라는 예를 생각해 보겠습니다.

기본적으로 질서에 비해 일탈은 마이너스로 간주됩니다. 하지만 우리는 처지를 잊고 아침까지 술을 마셔 버리는 경우가 있습니다(지금은 코로나로 어렵지만). 그럴 때 굉장히 즐겁고 인간관계가 돈독해지기도 하죠. 그래서 일탈이 일률적으로 나쁘다고 할 수는 없어요. 그렇다면 일탈이 범죄적인 것에까지 이르게 되면 어떨까요? 법이 허용하는 일탈이 어디까지인지, 무엇을 범죄로 볼 것인가 하는 것까지 포함해서 생각하면 그 선을 긋기란 매우 어렵습니다.

이와 같이 이항대립의 플러스/마이너스는 미리 절대적으로 정해져 있는 것이 아니라 매우 성가신 선 긋기의 문제를 수반합니다. 그 선 긋기의 흔들림에 주목하는 것이 탈구축의 사고라고 우선은 말할 수 있다고 생각합니다.

본서에서는 **데리다는 '개념의 탈구축', 들뢰즈는 '존재의 탈구축', 푸코는 '사회의 탈구축'**이라는 식으로 분담시켜 설명합니다.

회색 지대에야말로 인생의 리얼리티가 있다

질서로부터의 일탈이라고 하면 폭주하는 사람을 칭찬하는 것처럼 들릴지도 모르지만, 이미지를 조금 바꿔 주었으면 합니다. 그것은 자신의 질서를 따르지 않는 타자를 환영하며 맞아들이는 것을 의미합니다. 거기에는 문젯거리trouble가 따르게 마련이고, 사람과 사람이 서로 상처를 주는 일이 전혀 없을 수는 없습니다. 많든 적든 자신이 흐트러지거나 혹은 자신이 수동적인 입장에 놓일 때에도 인생의 매력은 있습니다.

이런 점에서 이야기는 이미 탈구축적인 것이 되고 있습니다.

자신의 행동을 스스로 통제할 줄 알아야 하고, 주체적·능동적이어야 한다, 수동적인 태도는 좋지 않다는 생각이 세상에는 강하며, 자기 계발에서도 자주 말합니다. 그렇지만 우리는 타자와 함께 살고 있습니다. 타자에게 주도권이 있고 그것에 휘둘리는 경우가 종종 있습니다. 그게 싫은 것 같기도 하고, 바로 그것에 즐거움이 있는 것 같기도 합니다. 이 양의성이 중요합니다. 반드시 능동적이어야 한다는 것이 아닙니다. 그렇다고 수동적으로 타인이 하라는 대로 하는 것은 그것대로 곤란한 일입니다. 그래서 능동성과 수동성도 어느 쪽이 플러스이고 어느 쪽이 마이너스인지를 단순하게 결정할 수 없는 것입니다.

이렇듯 **능동성과 수동성이 서로를 밀치고 뒤엉키면서 전개되는 회색 지대가 있고, 바로 거기에 삶의 리얼리티가 있습니다.**

도입은 이 정도로 하죠. 우선은 데리다부터입니다. 탈구축이란 어떤 논리인지를 먼저 이해했으면 합니다.

데리다

: 개념의 탈구축

Jacques Derrida
Gilles Deleuze
Michel Foucault
Friedrich Nietzsche
Sigmund Freud
Karl Marx
Jacques Lacan
Pierre Legendre
Emmanuel Levinas
Catherine Malabou
Quentin Meillassoux
Graham Harman
François Laruelle

데리다의 독특한 스타일

「시작하며」에서는 이항대립 중 어느 쪽을 취해야 하는가로
는 포착할 수 없는 구체성과 마주 대하는 것으로 현대사상을 이해
해 달라고 말씀드렸습니다. 그것이 이항대립의 '탈구축'이며, 그 사
고방식을 내세운 철학자가 자크 데리다(1930~2004)입니다.

덧붙여 일단 주의할 것인데요, 데리다는 '이항대립'을 생각해 낸
사람이 아닙니다. 이항대립을 '탈구축'한다는 새로운 사고법을 제
시한 것이 데리다입니다.

이항대립을 의식적으로 사용해서 사물을 생각하는 것 자체를 신
선하게 느끼는 독자도 아마 있을 테고, 대학 수업에서도 데리다 얘
기를 하면 데리다가 이항대립을 생각해 낸 사람이라는 오해를 살
때가 있는데요, 이항대립 자체는 옛날부터 있었던 것이라 논리적으
로 생각하려고 하면 나오는 것입니다.

먼저 '이항대립'의 의미를 인터넷으로 알아보겠습니다. 『디지털 대사천』(소학관)[11]이라면 표준적인 사전이라고 할 수 있겠죠. 다음과 같이 적혀 있습니다.

이항대립dichotomy

논리학에서 두 개념이 모순 또는 대립의 관계에 있는 것. 또 개념을 그렇게 둘로 나누는 것. 안과 바깥, 남자와 여자, 주체와 객체, 서양과 비서양 등. 이분법.

간단한 정의네요. 「시작하며」에서 거론한 예는 건강과 건강하지 않음, 안심과 불안, 자연과 문화 등이었습니다. 좀 더 철학적인 예를 보태면 능동과 수동, 필연과 우연 등도 그렇습니다. 이런 반대의 관계로 되어 있는 쌍을 이항대립이라고 부릅니다.

그럼 우선 프로필 소개부터 하죠. 데리다는 1930년에 태어나 2004년에 사망했습니다. '탈구축'이나 '에크리튀르'라는 개념으로 알려진 철학자로 포스트구조주의의 대표적인 한 명으로 간주됩니다. 데리다는 알제리 출신의 유대계 프랑스인으로 철학에 뜻을 두고 파리로 간 사람입니다. 그래서 유럽에서 소수자로서의, 타자로서의 입장을 가지고 있었으며, 그것이 그의 철학과 관련되어 있습니다.

데리다의 기본적인 사고방식은 『목소리와 현상』(1967), 『그라마

---

11 『デジタル大辞泉』, 小学館. daijisen.jp/index.html

톨로지에 대하여』(1967)에 명확히 제시되어 있습니다. 이 두 가지에 덧붙여 논문집『에크리튀르와 차이』(1967)가 초기의 대표작입니다(1967년에 자신의 원래적이고 독창적인original 입장을 보여 주는 세 권을 정리해서 내는 것이 데리다의 계획이었던 것 같습니다). 그 후, 데리다의 문체는 더 실험적이고 곡예술적acrobatic이며 사람을 시험하는 듯한 것으로 바뀌었습니다.『산종』(1972)과『조종』(1974),『그림엽서』(1980) 등이 유명합니다. 그러나 후기에 낸『법의 힘』(1994) 등에서는 읽기가 좀 쉬워집니다.[12]

　『목소리와 현상』은 짧지만 후설의 현상학에 대한 탈구축이기에 먼저 현상학에 대해서 대충 알아 두어야 합니다.『그라마톨로지에 대하여』의 경우, 전반부의 기초 이론은 별다른 예비지식이 없어도 읽을 수 있을 겁니다.『에크리튀르와 차이』는 프로이트나 레비나스 등 여러 대상을 논하고 있기에 그 대상들을 모르면 어려울 겁니다.

　통상적인 논리에서는 A와 B를 대비해 한쪽을 취하는 것이 기본적인 진행 방식이지만, A와 B 중 어느 쪽도 아닌 바를 교묘하게 써 나가려고 하는 데리다의 문체는 전에 없이 독특하고, 언뜻 보기에 명확하지 않아 읽기가 매우 어렵습니다. 오늘날에는 이렇게 쓰는 사람이 없을 거예요. 잘 읽으면 매우 정밀하지만, 어쨌든 읽으려면 상당히 익숙해져야 합니다. 데리다가 쓴 책을 갑자기 읽기는 어렵

12　국역본의 경우『산종』『조종』『그림엽서』를 제외하고 순서대로 나열하면 다음과 같다. 자크 데리다, 김상록 옮김,『목소리와 현상』, 인간사랑, 2006. ; 김성도 옮김,『그라마톨로지』(개정판), 민음사, 2010. ; 남수인 옮김,『글쓰기와 차이』, 동문선, 2001. ; 진태원 옮김,『법의 힘』, 문학과지성사, 2004.

습니다. 오에 겐자부로大江健三郎 같은 버릇이 강한 작가의 책을 읽는 듯한 마음으로 씨름해야 하며, 보통의 비즈니스 서적을 읽는 감각으로 정보가 확 들어오기를 기대하면 대략 무엇이 쓰여 있는지 전혀 모를 겁니다.

입문서로는 우선 다카하시 데쓰야의 『데리다: 탈구축과 정의』[13]를 추천합니다. 이 책은 『산종』의 첫 번째 논문 「플라톤의 파르마케이아」의 해설로 시작하는데, 이 텍스트를 선정한 것은 정말로 잘한 것이라서 절로 고개가 끄덕여집니다. 「플라톤의 파르마케이아」는 에크리튀르의 문제를 플라톤에서 끌어내는 데리다의 독특한 손놀림을 잘 알 수 있는 것으로, 비교적 읽기 쉽습니다. 데리다는 과거 철학자의 문장을 매우 섬세하게 독해합니다. 아무튼 읽기의 달인인 거죠. 읽는다는 것은 이런 것일까, 이렇게까지 읽는 것일까 하고 압도당할 거라고 생각합니다.

여담인데, 데리다의 저작을 읽으면 최근 강해지고 있는 "이해하기 쉽게 쓰지 않는 것이 나쁘다"라고 하는 독자 중심의 태도가 얼마나 천박한지 깨닫게 됩니다. 데리다는 매우 복잡한 것을 쓰는데, 그것은 데리다 자신이 먼저 다른 사람의 텍스트를 지극히 고해상도로 읽는 사람이기 때문이고, 애초에 "읽는다는 것은 이 정도는 읽는다는 거죠?"라는 기본값default의 기준이 턱없이 높았기 때문입니다.

---

13 高橋哲哉, 『デリダ: 脱構築と正義』, 講談社, 2015. ; 김상운 옮김, 『데리다: 탈구축과 정의』, 현대정치철학연구회, 2022.(후원 책자)

이항대립에서 벗어나는 차이

프랑스 현대사상을 크게 포착하는 데에는 '차이'가 가장 중요한 핵심어입니다. 포스트구조주의 = 현대사상이란 한마디로 '차이의 철학'이라고 말해도 좋다고 생각합니다. 차이는 영어로는 디퍼런스difference, 프랑스어로는 디페랑스différence입니다.

현대사상이란 차이의 철학이다

'차이'는 '동일성', 즉 '아이덴티티identity'와 대립합니다. 동일성이란 사물을 "이것은 이런 것이다"라고 고정하는 정의입니다. 거꾸로 차이의 철학이란 반드시 정의에 들어맞는 것은 아닌 어긋남〔간극〕이나 변화를 중시하는 사고입니다. 이것을 특히 강하게 내세운 사람이 다음 장에서 다루는 들뢰즈입니다. 들뢰즈의 주저는 『차이와 반복』(1968)으로, 그것은 바로 차이 철학의 대표작이라고 할 수 있지만, 한편으로 데리다도 차이 철학의 또 다른 거인입니다.

지금 동일성과 차이가 이항대립을 이룬다고 했는데 그 이항대립에서 차이를 강조하고 **하나의 정해진 상태가 아니라 어긋남〔간극〕이나 변화가 중요하다고 생각하는 것이 현대사상의 큰 방침**인 것입니다.

이런 사고방식에 대해 "사물의 동일성을 정의하는 것을 비판하면서, 뭔가 미묘한 부분만 말하면 된다고 생각하느냐" "동일성을 무너뜨리면 되는 것이냐" 같은 비판이 나올 가능성이 있습니다. "그런 말을 해도 일정한 안정성이 없으면 사회는 성립되지 않는 것 아니냐"라는 것이죠.

이에 대해서는, 제 해석이라는 면이 강하지만, 데리다는 굳이 탈구축에 의해 전부를 파괴하라고 말하는 것은 아니라고 우선 대답하고 싶습니다. 탈구축은 어디까지나 '개입'일 뿐, 모든 것을 무너뜨리는 것이라고는 생각할 수 없습니다. 그래서 **뭔가 '가고정적'인 상태와 그 탈구축이 되풀이되는 이미지로 데리다의 세계관을 포착해 주었으면** 합니다.

현대사상적인 발상을 철저히 한다면 오히려 '동일성과 차이의 이항대립도 탈구축'해야 합니다.

무슨 말일까요? 그것은 즉, **어쨌든 차이가 중요할 뿐만 아니라, 사물〔일〕에는 일정한 상태를 취하는 면도 있다**는 것입니다. 단, 그 일정한 상태는 절대가 아니라 임시적인 것입니다. 여기서 '가고정' 이라는 표현을 해 보고 싶습니다(이것은 저 자신의 개념입니다). 사물은 말하자면 '가고정적'인 동일성과 어긋남〔간극〕이나 변화가 섞여 전개되는데, 이러한 **가고정적인 동일성과 차이 사이의 율동적인 왕래**가 현대사상의 진정한 묘미라고 할 것입니다.

동일성은 물론 나쁜 것이 아니라 필요한 것입니다. 다만 **동일성은 절대가 아니다, 라는 마인드를 갖는 것**이 중요합니다. 상식적인 세계에서는 동일성을 확고히 다질 것을 강요하는 가치관이 있기 때문입니다. "어른은 정신을 차려야 한다" "한 가지 생각을 정하면 일관성을 가져야 한다" "정의는 최대한 순수한 것이어야 한다"라든가,

"남자답게 하라" "부모답게 하라" "관리직답게 하라" 이런 것들 말이죠.

파롤과 에크리튀르

데리다의 논의는 무엇을 생각하든, 사고하는 것 전반과 관련됩니다. 일종의 사고술이죠. 그래서 여러 가지 응용이 잘됩니다.

이항대립에서는 종종 한쪽이 우위, 다른 쪽이 열위로 규정됩니다. 하지만 우열이 반전될 수도 있습니다. 예를 들어 문화를 자연보다 더 높은 상태로 취급 — 즉 '자연 - / 문화 +' — 하기도 하지만, 반대로 문화를 자연을 오염시키는 나쁘고 2차적인 것으로 보기도 합니다. 이 경우는 '자연 + / 문화 -'죠. 그리하여 자연을 지배하는 것이 중요하다는 입장과 자연으로 돌아가라는 입장 사이에서 이데올로기 투쟁이 일어나게 됩니다.

자, 여기서 훨씬 추상도가 높은 얘기가 되는데, 데리다는 '이야기하는 말〔구어, 입말(또는 '목소리')〕'과 '쓰여 있는 것〔문어, 글말(또는 '끄적거리기')〕'이라는 이항대립을 모든 이항대립의 근본에 놓습니다. '입말'은 프랑스어로 '파롤', '글말'은 '에크리튀르'라고 합니다. '파롤/에크리튀르'라는 대립입니다.

고대부터 글로 쓰인 것보다 실제로 들은 얘기가 진리의 기준이라는 사고방식이 있었습니다. 예를 들어 트윗을 주고받는 것은 오해를 낳기 쉽습니다. 짧은 것밖에 쓸 수 없고 사람마다 말의 어디에 주목하느냐가 다르기에 나쁘게 해석되기도 합니다. 그럴 때 실제로 대면해서 얘기를 나눠 보면 의외로 오해가 풀리곤 합니다. 눈앞에서 얘기되는 것에 진리성이 있다는 것은 옛날부터 있었던 사고방식입니다.

반면 글로 쓰인 것은 다양한 해석이 가능하고 다른 맥락 속으로 가져가면 가치가 달라집니다. **에크리튀르는 하나의 같은 장소에 머물러 있지 않고 여러 곳으로 흘러 나가 해석이라고 할까 오해를 만들어 버립니다.**

그러한 에크리튀르의 성질을 데리다는 나쁜 것으로 파악하지 않고, 애초에 커뮤니케이션에서 그러한 오해, 혹은 잘못 배달되는 '오배송'의 가능성을 없앨 수 없으며, 그 전제로 남과 계속 교류해야 한다고 생각했습니다. 사실 눈앞에서 말하고 있다고 해서 정말로 하나의 진리를 말하고 있다고는 할 수 없습니다. 말하는 것에도 에크리튀르성이 있는 것입니다.

이항대립의 분석

다음과 같은 예를 살펴보겠습니다.

우유부단하면 안 된다. 책임지고 결단해야 한다. 이러지도 저러지도 못한 태도를 취하면, 남에게 휘둘리게 된다. 어른이 된다는 것은 결단의 무게를 떠맡는다는 것이다.

이런 트윗이 올라왔다고 칩시다. 이것은 사람이 어떠해야 하는지를 말하는 것으로, 명확하게 가치를 나타내고 있는 주장입니다. 이항대립을 여러 개 사용하여 조립되어 있습니다.

데리다를 염두에 두면 다음과 같이 분석할 수 있습니다.

먼저 '우유부단 vs 책임 있는 결단'이라는 대립입니다. 우유부단은 마이너스, 책임 있는 결단은 플러스입니다. 그다음에 '이러지도 저러지도 못한'은 '우유부단'과 같은 말이고, '남에게 휘둘리게 된다'는 것은 글로 그렇게 쓰여 있지는 않지만 개념적으로 말하면 '수동적이 된다'는 거죠. '수동적'의 대립 개념은 '능동적'이기 때문에 '우유부단=수동적 vs 책임 있는 결단=능동적'이 됩니다. 그리고 마지막으로 '어른'이 나와서 '책임 있는 결단=능동적=어른'이라는 등식을 만듭니다. 반대로 말하면 '우유부단=수동적=아이'가 됩니다. 덧붙여 '결단의 무게'라고도 말하기 때문에, 결단하지 않는 것은 '가볍다'가 됩니다. 이것이 이 글에 포함된 이항대립에 대한 분석입니다.

그러면 최종적으로 다음과 같은 결론이 나옵니다. 우선 마이너스인 것은 '우유부단=수동적=어린이=가볍다'입니다. 그리고 플러스인 것은 '책임 있는 결단=능동적=어른=무겁다'입니다.

싫다는 느낌이 들 수도 있지만 사람이 무엇인가를 주장할 때는 기본적으로 거기에 포함된 이항대립을 이런 식으로 분석하는 것이 가능합니다.

우선 이 발상을 취한 후, 여기서 마이너스 쪽에 놓여 있는 것을 마이너스로 파악하는 것이 정말 절대적일까?라는 의문을 제기하는 것이 탈구축의 기본적 발상입니다. 데리다를 배우면 일상생활이나 일 등에서 자신을 향한 이항대립에 대해 이런 종류의 딴지를 거는 일이 가능해집니다. 언제든 이렇게 딴지를 걸면, 생활도 일도 성립되지 않습니다만(웃음). 이 마이너스 쪽에 주목한다는 얘기가, 데리다가 다음 인용에서 말하는 '전도'입니다.

…… 어떤 고전적인 철학적 대립에서 우리는 **마주 대함**의 평화로운 공존이 아니라 어떤 폭력적인 위계질서에 관계되어 있습니다. 두 항 중 하나가 다른 하나를 (가치론적으로, 논리적으로 등등) 명령하고 높은 곳을 차지하고 있습니다. 이런 대립을 탈구축한다는 것은 우선 어떤 일정한 순간에, 위계질서를 전도시킨다는 것입니다.[14]

탈구축 절차는 다음과 같이 진행됩니다.
　①　**우선 이항대립에서 한쪽을 마이너스로 하는 암묵적 가치관을 의심하고 오히려 마이너스의 편을 드는 다른 논리를 생각합니다.** 하지만 단순하게 역전시키는 것은 아닙니다.
　②　**대립하는 항이 상호 의존하며, 어느 쪽이 주도권을 잡는 것도**

14　Jacques Derrida, *Positions: Entretiens avec Henri Ronse, Julia Kristeva, Jean-Louis Houdebine, Guy Scarpetta*, Les Éditions de Minuit, 1972, pp.54-55. ; ジャック・デリダ, 高橋允昭 訳, 『ポジシオン』, 青土社, 2000, 60頁. ; 자크 데리다, 박성창 편역, 『입장들』, 솔, 1992, 65쪽. 프랑스어 원문과 대조하면 일역본이 더 정확하다. 다만 hiérarchie는 한국에서 대체로 '위계 서열(화)'보다는 '위계질서'로 번역한다는 점을 감안하면 좋겠다. 또 la hauteur를 일역본은 '높은 지위'로, 한국어본은 '우위'로 번역했으나 '높은 곳'이 축자적 번역이다.

아니고 승패가 유보된 상태를 그려 냅니다.

③ **그때 플러스도 있고 마이너스도 있는, 이항대립의 '결정 불가능성'을 담당하는 제3의 개념을 사용하기도 합니다.** 데리다에게서 유명한 것은 앞서 소개한「플라톤의 파르마케이아」에 나오는 '파르마콘'입니다. 이것은 고대 그리스어로 '약'이기도 하고 '독'이기도 한 양의성을 가지고 있습니다. 실제로 약은 어떻게 사용하느냐에 따라 독이 되기도 하지요. 이로부터 이항대립을 탈구축하는 제3항을 '파르마콘적인 것'이라고 부를 수 있습니다. 문학의 탈구축적인 읽기에서는 작품 속의 어떤 요소가 서사에서 거대한 이항대립(선인가 악인가 같은) 중 어느 한쪽에 속하는 것이 아니라 파르마콘적인 것으로 기능하고 있다고 읽는 것이 기본형입니다. 잠깐 인용하겠습니다만, 데리다는 플라톤의『파이드로스』에서 파르마콘이라는 단어의 양의성에 주목함으로써 텍스트의 논리를 탈구축해 나갑니다.

이보다 약간 뒤에서 소크라테스는 파이드로스가 그에게 가져온 글로 쓰인 텍스트를 약pharmakon과 비교한다. 치료제인 동시에 독이기도 한 이 '약', 사랑의 묘약은 그 모든 양의성을 가지고 담론의 신체 속에 이미 도입되었다. 이 매력, 이 매혹의 미덕, 마음을 사로잡는 이 역량은 번갈아 가면서 혹은 동시에 유익할 수도 있고 유해할 수도 있다.[15]

---

15 Jacques Derrida, "La pharmacie de platon", *La dissémination* (1968-72), Seuil, 1972, p.78. ; デリダ, 藤本一勇・立花史・郷原佳以 訳,「プラトンのパルマケイアー」,『散種』, 法政大学出版局, 2013, 104頁. 번역은 프랑스어 원문을 참조하여 수정했다.

비본질적인 것의 중요성

어떤 내용이든 뭔가 주장을 할 때는 반드시 A vs B라는 이항대립을 사용하지만, 보통은 별로 의식하지 않습니다. 거의 무의식적으로 사용합니다.

예를 들어 "게임만 하지 말고 공부해라"라는 글을 생각해 보세요. 거기에는 공부와 게임의 대립이 있는데요, 조금 추상화한다면 '진지한 것/놀이' '본질적/비본질적' 같은 이항대립이 배후에 있는 셈입니다.

본질적/비본질적이라는 대립으로 생각해 보면, 본질적인 것이 비본질적인 것보다 더 중요한 것은 당연하죠. 왜냐하면 그게 본질적이라는 말의 정의니까요.

그러나 **"본질적인 것이 중요하다"라는 상식을 데리다는 진심으로 파헤치려 하는 것입니다.** 이것이야말로 데리다의 획기적인 부분입니다. '비본질적인 것의 중요성'이라니, 조금 이상한 말이죠. 하지만 데리다는 그 점을 생각하려고 하는 거죠. 데리다는 장난스러운 것을 철저하고 진지하게 옹호했던 사람입니다.

이렇게 말하니까, "진지함보다는 놀이라는 비본질적인 것을 칭찬하다니, 비진지함·불성실함에 대한 예찬, 적당하게 대충 하는 것에 대한 예찬이라는 말인가? 괘씸하군!"이라며 화를 내는 사람이 있을지도 모릅니다. 하지만 그렇게 단순한 이야기가 아닙니다. 바로 본질을 무너뜨림으로써 세상을 더 해방적으로 만들 수 있는 것입니다.

예를 조금 생각해 볼까요? 남성중심적인 사회는 강함을 기준으로 삼는다고 말할 수 있는데요, 약함이나 수동성이 할당된 여성 측에서 사회를 재검토함으로써, 남성적으로 자신의 논리를 주장하는 것이 중시되는 사회에 대해 우선 남의 이야기를 잘 듣고 세세한 부분에 주목해야 한다는 논리로 대항할 수 있습니다.

이런 데리다의 '본질주의 비판' 덕분에 주디스 버틀러는『젠더 트러블』이라는 책을 쓰고 동성애의 명예를 회복하기 위한 원리론을 쓸 수 있었던 것입니다. 또 서양 문명보다 뒤처진다고 여겨졌던 여러 지역의 명예 회복을 위한 '포스트콜로니얼리즘postcolonialism'에 대한 논의도 데리다적 발상을 통해 가능해졌습니다.

가까운가 먼가

이쯤에서 깊이 파고들고 싶은데요, '본질적＝중요'란 무엇을 의미할까요?

이것은 이상한 질문일지도 모릅니다. 즉, 중요하다는 것은 어떤 것인가 하는 것인데요, 보통 그런 것은 생각하지 않습니다. 하지만 데리다는 이를 깊이 파고듭니다. 데리다에 따르면 이항대립에서 플러스 항은 '본래의 것' '진짜' '원본original'이며, 더 나아가 '직접적인 것'을 의미합니다.

가짜보다 진짜가 낫다는 건 상식이잖아요. 진짜 그림이란 작가가 직접 그린 것입니다. 반면 그 위작은 작가가 아닌 타인이 그린 것이고, 작가라는 기준점에서 떨어져 있어 간접적일 수밖에 없습니다. 본질적이고 중요한 것은 어떤 기준점에서 직접적인 것이라고 할 수 있습니다.

이것이 근본적인 이항대립으로, 또렷이 눈앞에 진짜가 있다는 것을 철학에서는 '현전성現前性'이라고 부릅니다. 그리고 그러한 현전성에 대해 열등하다는 '재현전再現前'과의 대립이 있습니다. '직접적인 현전성 〉 간접적인 재현전'이죠. 이 이항대립이 진짜와 가짜, 본질적인 것과 비본질적인 것의 대립의 뿌리라는 것이 데리다의 주장입니다.

요점은 '가까운가 먼가'입니다. 예를 들면 "자연스러운 것은 좋고 인공적인 것은 좋지 않다"라는 가치관을 자주 접합니다. "유기농법은 좋고 농약이나 인공 비료는 좋지 않다" 같은 것이죠. 이것도 지구에 원래 갖추어진 자연의 프로세스가 좋고, 거기에서 멀리 떨어지면 좋지 않다는 발상에서 온 것입니다. 인공적인 것은 여기에서는 대지에서 떨어져 나간 것이라는 뜻이죠.

여기서 데리다의 독특한 아이디어로 넘어갑니다. 데리다에 따르면 모든 이항대립은 입으로 하는 말[입말, 구어]과 글로 쓰인 것[글말, 문어]의 대립으로 바꿔 말할 수 있습니다. 즉, 파롤 vs 에크리튀르죠. 파롤은 현전적이고, 그에 비해 에크리튀르는 원래의 것에서 떨어져 버렸기 때문에 오해를 불러일으킨다는 얘기가 됩니다.

직접적인 현전성, 본질적인 것: 파롤

간접적인 재현전, 비본질적인 것: 에크리튀르

다음으로 거론하는 것은 『그라마톨로지에 대하여』에서 인용한 것인데요, 여기에서는 에크리튀르가 파롤에 대해 2차적이고 방해적인 존재로 간주되어 왔다고 얘기됩니다(언어학자 소쉬르에게도 그런 생각이 있었다는 설명입니다).

문자언어[에크리튀르]. 감각적 물질이자 인위적 외면성, 즉 하나의 '옷'. 사람들은 음성언어[파롤]가 사유에서의 옷이라는 것에 대해 종종 이의를 제기했다. 후설Edmund Husserl, 소쉬르Ferdinand de Saussure, 라벨Louis Lavelle도 예외는 아니었다. 하지만 문자언어[에크리튀르]가 음성언어[파롤]의 옷이라는 것이 일찍이 의심받은 적이 있을까? 소쉬르에게 그것은 도착과 탈선의 옷이고, 부패와 가장의 복장이며, [악마를 쫓아내듯이] 몰아내야 할, 즉 선한 음성언어[파롤]에 의해 푸닥거리해야 할 축제의 가면이다.[16]

이 파롤과 에크리튀르라는 것은 모든 것에 적용할 수 있는 추상적인 이항대립이라고 파악해 주십시오. **파롤은 직접 진의를 전한다, 에크리튀르는 간접적이기 때문에 오독된다.** 이것을 조금 전의 자연과 인공 또는 문화의 대립에도 해당하는 '우화'처럼 파악해 주었으면 합니다. 그러면 어떻게 될까요? 자연적인 것은 파롤 쪽이고

16 Jacques Derrida, *De la grammatologie*, Minuit, 1967, p.52. ; デリダ, 足立和浩 訳, 『根源の彼方に : グラマトロジーについて』上, 現代思潮社, 1972, 76頁. [ ] 안의 것은 일역본에서 위첨자로 이중 표기된 것이다. ; 자크 데리다, 김성도 옮김, 『그라마톨로지』, 민음사, 2010, 120쪽. 일역본과 국역본을 바탕으로 프랑스어 원문을 참조해 수정했다.

인공적·문화적인 것은 에크리튀르 쪽이라고 할 수 있습니다. 사실 "자연의 목소리에 귀를 기울인다"라는 표현이 있죠. 다른 한편 인공물은 에크리튀르이며 식품첨가물 등은 바로 화학식에 근거하여 물질을 합성하는 것입니다.

여기서 앞에서 언급한 예로 돌아가 볼까요?

우유부단하면 안 된다. 책임지고 결단해야 한다. 이러지도 저러지도 못한 태도를 취하면, 남에게 휘둘리게 된다. 어른이 된다는 것은 결단의 무게를 떠맡는다는 것이다.

'이항대립의 분석'에서 다룬 트윗이었습니다.

여기서 "남에게 휘둘리게 된다"라는 것은 수동적이 된다는 것인데, 그것은 말하자면 내가 나 자신으로부터 멀어진다＝간접화된다는 것이라고 할 수 있습니다. 자신인데도 자신이 아니게 된다는 것입니다. 극단적으로 말하면 자신이 가짜가 된다는 얘기죠. 즉, 자신이 에크리튀르가 된다는 것입니다.

반면 "책임지고 결단한다"라는 것은 남의 말이 아니라 자신의 목소리를 스스로 듣고 행동하는 것이라고 할 수 있습니다. 자신의 목소리, 즉 의지와, 그 틈새에 불필요한 것을 끼워 넣지 말고 마주해야 한다는 것입니다.

어떻습니까, 이런 식으로 파롤 vs 에크리튀르(목소리 vs 글로 쓰인 것)라는 대립은 우화로서, 여러 경우에 적용할 수 있습니다.

탈구축의 윤리

지금까지 데리다의 사고방식에 대한 개념적인 설명이었습니다. 이제부터는 좀 더 소탈한 형태로 데리다의 사고방식을 인생에 적용하는 이야기를 해 보겠습니다.

크게 말해서 이항대립에서 마이너스라고 여겨지는 쪽은 '타자' 쪽입니다. **탈구축의 발상은 불필요한 타자를 배제하고 자신이 흔들리지 않고 안정되고 싶다는 생각에 개입하는** 것입니다. 내가 내게 가장 가까운 상태이고 싶다는 생각을 흔드는 것입니다.

"내가 내게 가장 가까운 상태이다"라는 것은 철학적인 표현일 수도 있는데, 그것이 곧 동일성입니다. 그것은 자신의 내부를 지키는 것입니다. 그에 반해 데리다의 탈구축은 외부의 힘에 몸을 열자고, "나는 변하지 않을 것이다. 이대로다"라는 갑옷을 찢어 버리고 타자가 있는 세계 쪽으로 몸을 열자고 말하는 것입니다.

이처럼 '타자 쪽으로'라는 커다란 방향성은 유대인의 사상에서도 흔히 볼 수 있습니다. 데리다와도 관계가 있었던 에마뉘엘 레비나스Emmanuel Lévinas(1906~1995)는 20세기를 대표하는 유대인 철학자로, 그도 그런 방향성을 가지고 있었습니다. 레비나스는 차이라기보다는 바로 '타자의 철학'을 전개한 사람입니다. 그의 주저 『전체성과 무한』(1961)[17]은 자기 — 자기를 중심으로 모든 것을 담아내는 '전체성' — 와는 무한히 다른 것으로서 '타자'를 마주하는 것의

---

17 에마뉘엘 레비나스, 김도형·문성원·손영창 옮김, 『전체성과 무한』, 그린비, 2018.

윤리성을 논한 것입니다.

레비나스와 데리다의 차이를 간단히 말하면, 레비나스의 경우 타자의 동떨어진 절대적인 거리[멂]를 강조하는데요, 데리다의 경우는 일상 속에 타자성이 거품을 일으키는 듯한 이미지라고 저는 생각합니다. 일상을 이른바 타자성의 사이다 같은 것으로 파악하는 감각입니다. **일체의 물결이 일지 않는, 투명하고 안정된 것으로서 자기나 세계를 파악하는 것이 아니라, 탄산이고, 거품이 일고, 소음으로 시끄러우며, 그러나 모종의 음악적인 매력도 가지고 있는 듯한, 웅성거리는 세계로서 세계를 파악하는 것이 데리다의 비전이다**라고 말할 수 있다고 생각합니다(레비나스의 세계상도 마찬가지라는 전문가적인 딴지를 걸 수도 있습니다만, 뭐 그것은 상급 편 논의라서 지금은 그렇다고 치고 넘어갑시다).

자연과 문화에 관한 예로 말해 본다면, 예를 들어 유기농 제품이 좋다고 해도 그것만으로 생활을 꾸려 나가는 것은 무리죠. 반대로 자연을 철저히 통제한다, 이런 것도 무리입니다. 자연의 힘은 인간의 예상을 뒤엎는 경우가 종종 있으며, 산사태가 일어나거나 지진이 일어나거나 원전 사고가 일어납니다. 그래서 우리는 자연의 맹위를 통제함으로써 안심을 얻는 동시에 도시 생활의 뻔한 패턴에 질려서 바다로 나갔다가 갑자기 파도에 휩쓸리기도 하고, 색깔이 선명한 생물들이 바위 그늘에서 출현하는 것에 놀람으로써 삶의 빛을 회복하기도 합니다. 도시 생활과 해변 여행을 왔다 갔다 하는 거죠. 그런 것이지, 둘 중 하나가 아닙니다.

문명을 비판하고 산에 틀어박혀 사색에 잠기는 순수주의자가 되지 않는 한, 자연의 낭만을 우습게 여기고 도시에서 오로지 돈벌이에만 매진하지 않는 한, 자연과 문화가 서로 파고들어 뒤섞여 있는 듯한(서로를 거울처럼 무한하게 비춰 주는), 서로가 서로에게 거품을 내는 상황에서 우리는 살아갈 수밖에 없습니다. 리얼리티란 그런 거라고 생각해요.

자연과 문화는 서로 의존하고 있으며 주종이 계속 바뀝니다. 이런 의미에서 자연이든 문화든 파르마콘적으로 양의적인 것이라고 파악할 수 있습니다. 재차 확인합니다만, 고대 그리스어의 '파르마콘'은 '약이기도 하고 독이기도 한 것'이었습니다.

하지만 인간에게는 역시 질서를 찾고 뭔가 일방적인 가치관을 주장해야 하는 상황이 옵니다. 그런데 타자적인 관점이 있어서, 밀거나 밀리는 상태가 반복됩니다. 그렇다고 해서 데리다적인 탈구축적 세계상만을 철저히 지키며 살 수는 없습니다. 우리는 역시 무엇인가를 결단해야 합니다.

아까 언급한 트윗을 떠올리자면, 결단하는 것이 어른의 책임이라고 말하는데요, 문제는 어쨌든 결단하는 것만을 강조한다는 점입니다.

확실히 사람은 일을 더 진척시키려면 다른 가능성을 잘라 버리고 한 가지를 선택해야 합니다. **그러나 그때 무엇인가를 잘라 버렸다, 고려에서 배제해 버렸다는 것에 대해 창피하다는 생각이 남을 것입니다.** 그리고 또 그때 잘라 버린 것을 다른 기회에 회복하려 하기도 합니다.

여기서 또 가고정仮固定과 차이의 이야기를 떠올려 주었으면 하는데요, 모든 결단은 그것으로 이제 아무 미련 없이 완료되는 것이 아니라 항상 미련을 동반하는 것이고, 그러한 **미련이야말로 바로 타자성에 대한 배려**입니다. 우리는 결단을 거듭 되풀이하면서 미련의 거품 속에서 다른 기회에 어떻게 응할 것인가를 계속 생각해야 합니다. 탈구축적으로 사물을 봄으로써 편향된 결정을 하지 않아도 되는 것이 아니라, 우리는 항상 편향된 결단을 할 수밖에 없는데, 거기에 잠재적인virtual 아우라처럼 타자성에 대한 미련이 뒤따른다는 것을 의식하자는 얘기입니다. 그것이 데리다적인 탈구축의 윤리이며, 바로 그런 의식을 가진 사람에게는 친절함이 있다고 생각합니다.

미련에 찬 결단을 내리는 사람이야말로 '어른'

이항대립은 항상 비대칭적으로 타자를 배제하는 것이고, 어떠한 이항대립이 배후에 있는 결단을 내리는 것은 항상 타자에게 상처를 입히는 것 아닌가 하는 의식을 갖게 되면 아무것도 할 수 없게 될지도 모릅니다. 종종 그런 것으로, 즉 행동 불능에 빠지게 하는 것으로 데리다나 레비나스의 사상을 파악하는 사람이 있습니다.

이것은 제 해석인데요, **그들의 사상은 "애초에 인간은 아무 말하지 않아도 우선 행동하지요"라는 것을 암묵적인 전제로 삼는 것이라고 파악하는 편이 좋습니다.** 인간은 살아가는 한에서, 넓은 의미에서 폭력적일 수밖에 없고, 순수하게 비폭력적으로 살아가는 것은 불가능하다는 것이 말할 필요도 없이 전제되어 있습니다. 그렇기 때문에, 이것이 오해를 불러일으키는 부분이라고 생각하는데, 이 말하지 않음의 전제에 어떻게 타자의 윤리를 접목시킬 것인지가 문제가 되는 것입니다.

게다가 그 접목에도 한도가 있습니다. 뭔가 이벤트를 한 가지 기획한다고 할 때, 모두를 만족시키고 아무런 비판도 받지 않게 할 수는 아마 없을 겁니다. 시간이나 물자에 제약이 있으니까요. 그럼에도 불구하고 가능한 한 생각하고, 만약 비판이 있다면 그것은 그것대로 대응하면 됩니다.

그래서 또 다른 포인트는, 이 입장에서 말하면 사람이 무엇인가를 결단하거나 행할 때, 이런 타자에 대한 배려가 부족하다는 비판을 항상 불러일으킬 수 있다는 것입니다. 그런 의미에서 말하면, 말은 나쁘지만, 하나의 결단을 데리다적·레비나스적 관점에서 '깨 버리자'고 하는 것은 언제든지 임의로 가능합니다.

반대로 말하면 사람이 어떤 결단을 내릴 수밖에 없는 것은 '용서할' 수밖에 없는 것입니다. 결단의 허락과 그것이 배제하는 것에 대한 비판은, 일을 하고 사회를 움직여야 한다는 현실성에서 균형을 이룰 수밖에 없습니다. 그리고 그 균형을 어떻게 하느냐에 원리적인 해결책은 없습니다. 케바케로(케이스 바이 케이스로, 그때그때의 경우에 따라) 대응할 수밖에 없습니다.

사람은 결단하지 않을 수 없습니다. 앞서 언급한 트윗의 사례에서는, "어른은 책임을 지고 결단하는 것이다"라는 것이 모종의 강함처럼 얘기되었습니다. 이렇게 말한다면, **미련에 찬 결단이라는 윤**

리성을 띤 결단을 내릴 수 있는 사람이야말로 진정한 '어른'이라는 얘기가 될 것입니다.

이와 같이 본서에서는 차이나 타자로부터의 호소의 중요성을 설명한 다음, 그러나 결단을 내리거나 동일화하는 것은 그것대로 하지 않을 수 없으며, 그것과 타자성 사이의 마주 대함이 팽팽하게 맞버티는 가운데 살아갈 수밖에 없다는 것을 강조합니다. 이를 분명하게 말하는 현대사상 입문서라는 것이 본서의 큰 특징이라고 생각합니다.

2

들뢰즈

: 존재의 탈구축

Jacques Derrida
Gilles Deleuze
Michel Foucault
Friedrich Nietzsche
Sigmund Freud
Karl Marx
Jacques Lacan
Pierre Legendre
Emmanuel Levinas
Catherine Malabou
Quentin Meillassoux
Graham Harman
François Laruelle

들뢰즈의 시대

질 들뢰즈(1925~1995)라는 철학자를 대략적으로 말하자면 고정적인 질서에서 벗어나 더 자유로운 외부에서 새로운 관계성을 넓혀 갈 것, 자신의 껍데기를 깨고 뛰쳐나갈 것 등을 격려하는 메시지를 보낸 철학자라고 하겠습니다.

1980년대 일본에서는 베스트셀러가 된 아사다 아키라의 『구조와 힘』[18]의 영향도 있어서, 들뢰즈 및 들뢰즈+가타리가 주목을 받았습니다. 들뢰즈는 1970년대부터 정신분석가·정치운동가 펠릭스 가타리Félix Guattari와 공저를 쓰게 되었고, 두 사람을 합쳐 들뢰즈+가타리라고 부릅니다(저는 '+' 기호를 사용하지만, 두 사람의 이름을 쓰는 방법은 정해져 있지 않고, 다른 것도 있습니다).

---

18 浅田彰, 『構造と力』, 勁草書房, 1983. ; 아사다 아키라, 이정우 옮김, 『구조주의와 포스트구조주의』, 새길, 1995.

1980년대 버블기의 일본에서 들뢰즈에 대한 소개는 기존의 수직적 질서가 깨지고 자본주의·소비사회의 발달, 매스미디어의 발달로 새로운 활동의 가능성이 점점 넓어지고 있던 시대의 분위기와 조화를 이루고 있었습니다. 그때까지의 시대처럼 지배층·자본가와 억압받은 노동자가 대립한다는 이항대립이 아니라 더 다방향적으로, 이항대립적이지 않은 사회에 개입하는 방식이 얘기되었고, 단순히 자본주의를 적대시하여 그것을 타도하기보다 자본주의가 가능케 하는 새로운 관계성을 활용하여 자본주의를 안에서부터 바꾸어 나갈 가능성이 언급된 시대입니다(그것이 유효한지 여부는 제쳐 두고).

그 후 1990년대에 들어서면서 일본에서는 거품이 붕괴되고 불황이 되어 기세등등한 분위기는 끝납니다. 그것과 궤를 같이하듯 들뢰즈 유행도 가라앉고 낙관적으로 새로운 외부를 지향하기보다는 미세한 대립과 충돌을 발견하고 이항대립의 딜레마를 말하는 듯한 사고, 즉 1장에서 다룬 데리다적 사고가 전면화하게 되었습니다. 그런 1990년대를 대표하는 저작으로 아즈마 히로키의 『존재론적, 우편적』이라는 데리다론이 있다고 흐름을 붙일 수 있을 것입니다. 너무 아사다-아즈마라는 라인을 강조하는 것도 좀 그런가라고 생각해 보지만, 일본에서 현대사상을 수용하는 데에는 들뢰즈에서 데리다로 향하는 흐름이 있었다는 것을 짚어 두면 알기 쉬워질 것이라고 생각합니다.

데리다의 시대에는 동시에 레비나스도 읽게 되며, 윤리와 정의가 더 문제가 되었습니다. 뭐, 말하자면 1990년대의 현대사상은 씁

쓸해진 거죠. 1980년대는 더 낙관적이었고, 여러 가지 섞으면 재미 있는 일이 일어나고, 뭔가 좋아질 것이 틀림없다는 느낌이 들었습 니다. 좀 더 세세한 갈등·충돌conflict이 문제가 되는 것은 1990년대 이후의 일입니다.

그 후 인터넷의 보급으로 시대는 다시 들뢰즈적으로 변합니다. 유명한 개념이지만, **옆으로 이어지는 다방향적인 관계성을 들뢰즈 +가타리는 '리좀'이라고 불렀습니다.** 리좀은 식물학 용어로 '뿌리 줄기'를 말하는데 옆으로 점점 퍼져 나가는 잔디 같은 식물을 상상 해 주세요. 21세기 들어 그야말로 리좀적 관계성이 인터넷에 의해 말 그대로 실현되어 갑니다.

리좀의 임의의 그 어떤 점도 임의의 다른 어떤 점과도 연결접속될 수 있고 연결접속되어야 한다. 이것은 하나의 점, 하나의 질서를 고정시 키는 나무 또는 뿌리와는 매우 다르다.[19]

그러나 인터넷에서 관계성이 새롭게 열리고 옛 질서 체제가 탈구 축되면서 모든 것이 나아졌느냐 하면 전혀 그렇지 않았습니다. 오 히려 모든 것이 세세하게 연결되어 상호 감시가 강해지고 데이터가 어딘가에 저장되어 개인의 프라이버시를 사실상 누군가가 쥐게 되

19 Gilles Deleuze · Félix Guattari, *Mille Plateaux: Capitalisme et Schizophrénie*, Minuit, 1980, p.13. ; ジル・ドゥルーズ+フェリックス・ガタリ, 宇野邦一 外 訳, 『千の プラトー』上, 河出書房新社, 2010, 23頁. ; 질 들뢰즈·펠릭스 가타리, 김재인 옮김, 『천 개의 고원』, 새물결, 2001, 19쪽.

는 시대가 된 것입니다. **인터넷을 통해 모두가 발언권을 갖게 된 것은 확실합니다. 하지만 그것은 관리·통제 사회의 도래이기도 했습니다.** 들뢰즈는 관리·통제[20] 사회에 대해 날카롭게 예언했습니다. 이에 대해서는 이번 장의 끝에서 설명하겠습니다.

차이는 동일성에 앞선다

먼저 저작을 소개하겠습니다.

들뢰즈의 주저는 박사논문인 『차이와 반복』(1968)과 그 이듬해에 나온 『의미의 논리』(1969)입니다.[21] 이 두 책은 매우 밀도가 높으며, 지금도 연구가 계속되고 있습니다. 이를 어떻게 읽느냐에 따라 연구자들에게 여러 입장이 있습니다. 어떤 철학서든 그렇지만, 철학서에는 "보통으로 읽는다"라는 것이 없습니다. 철학책은 모두 암호화된 파일 같은 것으로, 어떻게 자물쇠를 풀고 어느 정도 이해 가능하게 하느냐에 따라 연구자들이 다양한 읽기의 접근법을 시도하

---

20 들뢰즈의 원문에서는 control이라는 단어를 쓰고 있기에 한국에서는 이를 '통제' 사회라고 번역하곤 했으나 이는 전체주의 사회와 구별되지 않을 뿐 아니라 들뢰즈의 글 전체의 취지와도 부합하지 않기에 '관리' 사회가 좀 더 적절한 번역어이지만, 통제와 관리 '사이'의 어감으로 이해해야 더 적절할 것이다.

21 Gilles Deleuze, *Différence et répétition*, PUF, 1968. ; 질 들뢰즈, 김상환 옮김, 『차이와 반복』, 민음사, 2004. / Gilles Deleuze, *Logique du sens*, Minuit, 1969. ; 질 들뢰즈, 이정우 옮김, 『의미의 논리』, 한길사, 1999. (참고로 일본에서는 『의미의 논리학』으로 통용된다.)

고 있는 것입니다.

초기 들뢰즈는 한 권에 한 철학자를 다루는 형태로 연구서를 썼습니다. 그 첫 번째는 흄David Hume에 관한 『경험주의와 주체성』 (1953)입니다.[22] 베르그손Henri Bergson 해석에 새바람을 불어넣은 『베르그손주의』(1966)도 유명합니다.[23] 니체와 스피노자 연구도 있으며, 모두 철학사 연구에서 중요한 작업으로 간주되고 있습니다.

『차이와 반복』과 『의미의 논리』 이후 1970~1980년대는 들뢰즈 +가타리로서의 공저의 시기가 됩니다. 그 첫 번째 작품이 『안티 오이디푸스』(1972), 그리고 그 두 번째 책인 『천 개의 고원』(1980). 둘이서 쓴 카프카론도 있어요.[24]

그 후 들뢰즈는 다시 혼자만의 작업으로 돌아와 영화의 철학인 『시네마 1·2』(1983/1985)를 썼습니다.[25] 이것도 영화비평의 역사에서 매우 중요합니다. 어쨌든 들뢰즈의 저작은 어느 하나를 보더라도 각 분야에서 중요한 위치를 차지하는 문헌이 되고 있습니다.

---

22 Gilles Deleuze, *Empirisme et subjectivité. Essai sur la nature humaine selon Hume*, PUF, 1953. ; 질 들뢰즈, 한정헌·정유경 옮김, 『경험주의와 주체성: 흄에 따른 인간 본성에 관한 시론』, 난장, 2012.

23 Gilles Deleuze, *Le bergsonisme*, PUF, 1966. ; 질 들뢰즈, 김재인 옮김, 『베르그손주의』, 그린비, 2021.

24 국역본은 다음과 같다. 김재인 옮김, 『안티 오이디푸스』, 민음사, 2014. ; 김재인 옮김, 『천 개의 고원』, 새물결, 2001. ; 이진경 옮김, 『카프카: 소수적인 문학을 위하여』, 동문선, 2001.

25 국역본으로는 2개 정도의 판본이 있으나 2023년 현재 입수 가능한 판본은 다음과 같다. 유진상 옮김, 『시네마 1: 운동-이미지』, 시각과언어, 2002. ; 이정하 옮김, 『시네마 2: 시간-이미지』, 시각과언어, 2005.

들뢰즈는 오랜 세월 폐 장애로 고통받았고, 마지막에는 호흡기를 켜고 누워만 있었습니다. 답답함에서 벗어나기 위해서였는지 1995년 스스로 호흡기를 떼고 옆에 있던 창문으로 뛰어내려 돌아가셨습니다.

입문서를 소개하는데요, 우선 요시카와 야스히사·호리 치아키, 『들뢰즈 키워드 89』[26]를 드문드문 보면서 궁금한 개념을 찾아보는 것이 좋을 것입니다. 그런 다음 대표적인 연구자의 책을 비교할 것을 추천합니다. 히가키 다쓰야의『들뢰즈: 풀 수 없는 물음을 살다』,[27] 고쿠분 고이치로의『들뢰즈의 철학 원리』,[28] 우노 구니이치의『들뢰즈: 유동의 철학』[29] 등.

제가 들뢰즈의 책을 처음으로 '읽을 수 있다!'라고 생각한 것은 『디알로그』(1977)입니다.[30] 이건『천 개의 고원』의 요약본 같은 책이고, 후반부는 정신분석의 까다로운 이야기이지만 전반부는 이해가 매우 잘되기에 '들뢰즈주의'가 무엇인지를 알 수 있을 것 같네요.

그럼 설명을 시작할게요.

26 芳川泰久·堀千晶,『ドゥルーズ キーワード 89』(증보판), せりか書房, 2015.

27 檜垣立哉,『ドゥルーズ: 解けない問いを生きる』(증보판), 筑摩書房, 2019.

28 國分功一郎,『ドゥルーズの哲学原理』, 岩波書店, 2013. ; 고쿠분 고이치로, 박철은 옮김,『고쿠분 고이치로의 들뢰즈 제대로 읽기』, 동아시아, 2015.

29 宇野邦一,『ドゥルーズ 流動の哲学』, 講談社, 2001. ; 우노 구니이치, 김동선·이정우 옮김,『들뢰즈, 유동의 철학』, 그린비, 2008.

30 Gilles Deleuze·Claire Parnet, *Dialogues*, Flammarion, 1996. ; 질 들뢰즈·클레르 파르네, 허희정·전승화 옮김,『디알로그』, 동문선, 2021.

들뢰즈의 철학이라고 했을 때, 첫 번째인 하나의 키워드를 꼽자면 역시 '차이'입니다. 차이라는 말은 딱딱한 말이고 일상적으로는 잘 사용하지 않는다고 생각하는데, 이것을 철학의 개념으로 분명히 내세운 것이 들뢰즈입니다.

세계는 차이로 이루어져 있다.

이것이 들뢰즈가 보여 준 세계관입니다.

이는 주저 『차이와 반복』에서 논의되는데, 이 책은 유난히 추상적이고 복잡한 책이어서 준비 없이 덤벼 봤자 거의 알 수 없을 것 같습니다. 저도 많은 참고 문헌을 읽으면서 몇 번이나 도전하며 읽어 봤고, 동급생이나 선배와 논의를 하면서 요점을 파악했습니다.

우선 **동일성보다 차이가 먼저**라는 사고방식입니다. 중요한 것은 큰 이항대립으로서 동일성/차이라는 대립이 있다는 것입니다. 이에 관한 부분을 주저 『차이와 반복』에서 인용해 보겠습니다.

동일성은 일차적이지 않다는 것, 동일성은 원리로서 존재하지만 다만 이차적 원리로서, **생성된(생성을 마친)** 원리로서 존재한다는 것, 동일성은 '다른 것le Différent'의 둘레를 회전한다는 것, 이런 것이 차이에 그 고유한 개념의 가능성을 열어 주는 코페르니쿠스적 혁명의 본성이며, 이 혁명에서 보면 차이는 미리 동일한 것으로서 설정된 어떤 개념 일반의 지배하에 묶여 있는 것이 아니다.[31]

---

31 Gilles Deleuze, *Différence et répétition*, PUF, 1968, p.59. ; ドゥルーズ, 財津理 訳, 『差異と反復』上, 河出文庫, 2007, 121-122頁. ; 질 들뢰즈, 김상환 옮김, 『차이와 반복』, 민음사, 2004, 112쪽. 일역본의 번역을 많이 수정했다.

"동일성은 일차적이지 않다"라고 합니다. 동일성은 '이차적'인 위치에 놓이게 되는 거죠. 하지만 그것은 사물이 한순간도 동일성을 갖지 않는 것 같은, 엉망진창인 상태를 말하는 것은 아닙니다. 2차적으로라도 동일성은 "원리로서 존재"한다는 것입니다. 저는 이를 '가고정'이라는 표현으로 파악합니다.

버추얼한 관계의 얽히고설킴

예를 들어 "내가 자전거를 탄다"라는 사태를 생각해 봅시다. 거기에는 '나'라는 한 존재와 '자전거'라는 또 한 존재가 있습니다. 대충 "내가/자전거를 타다"라는 형태로, '나'와 '자전거'는 주어-목적어의 관계로, 두 개의 독립된 것으로 파악됩니다.

하지만 현실을 곰곰이 생각해 보면 '나'와 '자전거'는 복잡하게 얽혀 있지 않을까요? 쓰러지지 않도록 몸의 균형은 복잡하게 제어됩니다. 오른쪽으로 기울면 왼쪽으로 균형을 잡으려고 하고, 길의 상태 등 환경도 관련되어 있습니다. 자신과 자전거가 독립된 것이라기보다 하나의 하이브리드, 사이보그적으로 일체화된 듯한 상태로 되어 있고, 거기에서는 복잡하고 다방향적인 관계성이 다양하게 제어control되어 "자전거를 탄다"라는 프로세스가 일어나는 것입니다. 그 프로세스의 세세한 부분을 우리는 의식하지 않습니다. 의식의 수준에서는 "내가 자전거를 탄다"라는 주어-목적어의 관계로만 파악하고 있을 뿐입니다. 그런데 그 속에서는 복잡한 선이 도처에 뻗어 있어 관계의 실타래처럼 얽혀 있습니다. 그것은 의식 아래에서 처리되고 있습니다.

이처럼 A와 B라는 동일한 것이 나열되어 있는 차원을 들뢰즈는 '액추얼actual, 현동적'이라고 부릅니다. 그에 반해, 그 배후에서 꿈틀 거리고 있는 여러 관계성의 차원을 '버추얼virtual, 잠재적'이라고 부릅니다. 우리가 경험하는 세계는 보통 A, B, C……라는 독립적인 것이 현동적으로 존재한다고 인식하지만, 실은 온갖 방향으로 모든 것이 복잡하게 얽혀 있는 버추얼한 차원이 있고, 그것이야말로 세계의 진짜 모습이라는 것이 들뢰즈의 세계관입니다.

액추얼한 차원에서는 A와 그것 이외의 비非A라는 독립적인 것이 있는 셈이지만, 버추얼한 차원에서는 A와 비A라는 대립이 깨지고 모든 것이 관계의 얽힘으로 파악됩니다. 이런 의미에서 사물의 존재를 어떤 동일성과 그것 이외라는 대립 관계로부터 해방시키고 보편적인 접속 가능성으로 파악하는 것이 「시작하며」에서 예고한 '존재의 탈구축'의 핵심입니다.

언뜻 보기에는 따로따로 존재하는 것이라도 사실 그 뒤에서는 보이지 않는 실에 의해 얽혀 있다 — 이런 세계관은 1960~1970년 대에 전 세계로 퍼져 나간 세계관이라고 생각하는데, 이를 철학적으로 가장 분명하게 제시한 것이 들뢰즈라고 할 수 있을 것 같습니다. 들뢰즈에게는 그 밖에도 많은 논점이 있지만, 지금은 이런 이미지로 충분할 것입니다.

모든 것이 얽혀 있다는 것은 불교의 연기설과도 비슷하고, 영성적인 것spiritual처럼 생각할지도 모릅니다. 그러나 딱히 터무니없는 것은 아니고 양자역학의 경우에도 떨어져 있는 물질의 얽힘을 인정하고 있으며(entanglement라고 합니다)[32] 현대의 과학적 세계상과도 관련된 것이라고 생각합니다.

모든 동일성은 가고정이다

일반적으로 차이라고 하면 A라는 하나의 동일성이 굳어진〔고정된〕것과 B라는 또 다른 동일성이 굳어진〔고정된〕것 사이의 차이, 즉 '두 동일성 사이의 차이'를 의미하는 경우가 많다고 생각합니다만, 들뢰즈는 그렇지 않고 **원래 A, B라는 동일성보다 앞에서 여러 방향으로 다종다양한 시소가 요동치고 있다**고 할까, 도처에서 균형의 변동이 있는 미세하고 다양한 역동성을 차이라고 부릅니다. 세계는 무수히 다종다양한 시소라는 것입니다.

한편, 동일적이라고 생각되는 것은, 영원불변하고 하나로 굳어진〔고정되어 있는〕것이 아니라 여러 관계 속에서 일시적으로 그 형태를 취하는 것으로 인식됩니다. 아까도 말했듯이, 이것을 저는 '가고정'이라고 부릅니다. 참고로 들뢰즈 자신은 이를 '준안정상태'라고 부릅니다(이것은 과학용어로, 이를 철학에 응용한 것은 질베르 시몽동

---

32 '양자 얽힘'이란 아일랜드 출신의 물리학자 존 스튜어트 벨John Stewart Bell이 주장한 것으로, 상호작용했던 양자 상태의 물체는 아무리 멀리 떨어져 있어도 한쪽의 상태가 변하면 빛의 속도보다도 더 빠르게, '즉각적으로' 다른 한쪽이 반응하는 것을 가리킨다. 이를 활용하는 양자 통신 기술이 개발, 활용되고 있다.

Gilbert Simondon이라는 철학자이며, 들뢰즈는 그의 논의를 참조하고 있습니다). 동일성을 준안정 상태＝가고정假固定으로 재파악하는 것입니다.

생물을 생각하면 이해하기 쉬울 겁니다. 한 사람, 예를 들어 나 자신의 동일성이라고 해도 그것은 열려 있는 것이며, 신체는 끊임없이 변화하고 있고 세균 등의 타자에 의해 살고 있으며 생명 과정의 다양한 균형에 의해 일정한 모습을 간신히 유지하고 있습니다. 그 균형이 깨지면 병에 걸리거나 죽게 됩니다. 뭐랄까, 순수한 '건강'이라는 것은 없습니다. 신체는 항상 다소 병들어 있고, 삶과 죽음은 섞여 있다고 봐야 합니다. 혹은 매우 큰 시간척도time scale를 취해 보면, 예를 들어 이집트의 피라미드도 언젠가는 붕괴할 것이고, 지구의 중력이나 다양한 기후 조건과의 무수한 시소게임 속에서 그 모양들이 가고정되어 있는 것입니다.

프로세스는 항상 도중이다

중요한 전제는 **세계는 시간적이며 모든 것은 운동의 한가운데에 있다**는 것입니다. 사물을 개념적으로, 추상적으로, 마치 영원히 존재하는 것처럼 취급하는 것은 이상하다고 할까, 리얼하지 않습니다. 리얼하게 사물을 생각한다는 것은 모든 것이 운동 속에, 그리고 변화 속에 있다고 생각하는 것입니다.

이렇게 또 키워드가 나옵니다. '생성변화'와 '사건'입니다.

생성변화는 영어로는 비커밍becoming, 프랑스어로는 드브니르

devenir입니다. 이 동사는 뭔가가 '되다'라는 뜻이에요. 들뢰즈에 따르면 **모든 사물은 상이한 상태로 '되는' 도중途中입니다.** 사물은 다 방향의 차이'화'의 프로세스 그 자체로서 존재하고 있습니다. 사물은 시간적이고, 그래서 변화해 가는 것이고, 그런 의미에서 **한 사람도 이집트의 피라미드도 '사건'**인 것입니다. 프로세스는 항상 도중〔중간〕이며, 결정적인 시작도 끝도 없습니다.

세계를 이렇게 파악하면 어떻게 될까요? 예를 들어 우리는 일을 시작하는 것이 힘겹다, 일을 끝내는 것이 힘들다는 것을 매일매일 생각하는데, **모든 것은 도중이고, 진정한 시작이나 진정한 끝은 없다**고 생각할 수 있습니다. 이렇게 말하면 뭔가 비즈니스의 자기 계발에 응용할 수 있을 것 같지 않습니까?

사실 저는 어떤 시기부터 이 사고방식을 응용하고 있습니다. 원고를 써야 할 때 '영차' 하고 무거운 엉덩이를 들고 기합을 넣어 작업하는 것은 힘들기 때문에 일단 컴퓨터를 열고 트위터를 보고 그런 흐름으로 메일을 보고 한 가지 답신이라도 해 볼까 하는 식으로 장벽이 낮은 것부터 시작합니다. 그러면 뭔가가 흘러나오기 시작한다고 할까, 프로세스가 시작됩니다. 그러다가 내친김에 잠깐 생각난 것을 메모하기도 하는데요, 그 메모를 이제 원고의 일부로 삼으면 좋겠다고 생각합니다. 즉, "이제부터 본격적으로 쓰기 시작했다"라는 시작을 잘 설정해야 한다는 규범의식을 버리고 왠지 모르게 내친김에 착수해서 써 버린 것을, 이제 그것을 정식 작업으로 파악해서 OK구나,라고 생각하는 것입니다. 그러다가 왠지 모르게 생각나는 것들을 그냥 쓰다 보면 글이 되는 거죠.

그 결과, 마지막 마무리도, 궁극적인 완성형을 목표로 하지 않아도 됩니다. 어디까지 갔어도 프로세스이기 때문에, 그것을 어느 정도의 지점에서 "뭐 됐어"라고 하며 끝을 냅니다. 이런 것들을『글쓰기의 철학: 쓸 수 없는 고민을 위한 집필론』[33]이라는 책에서 설명했습니다.

이런 것도 사실 들뢰즈의 사상과 연결되어 있는 거죠. **모든 것은 생성변화하는 도중에 있다고 생각했을 때, 모든 것을 '내친김에' 해 나가는 꿀팁이 됩니다. 모든 작업을 내친김에 한다** ─ 이것이 들뢰즈적 작업술이죠.

가족 이야기가 아니라 다양한 실천으로

이상의 것이 들뢰즈에 대한 대략적인 입문입니다. 일단 이 정도의 이해에서 시작해 보죠. 다음으로 들뢰즈+가타리에 대해 설명하겠습니다.

들뢰즈+가타리라는 2인조는 1972년『안티 오이디푸스』라는 유난히 도발적인 정신분석 비판의 대작을 써서 센세이션을 일으켰습니다. 이것은 뒷장에서 설명하겠지만, 프랑스 내에서는 정신분석의 실천이 일본 등과는 달리 상당히 강한 힘을 가졌다는 배경이 있었기 때문입니다. 일본에서는 정신분석을 받는 것이 전혀 대중적이지

---

33 千葉雅也, 山内朋樹, 読書猿, 瀬下翔太,『ライティングの哲学: 書けない悩みのための執筆論』, 星海社, 2021.

않기 때문에 실감이 나지 않는다고 생각하지만 말입니다.

정신분석이란 극히 대략적으로 말하면, 지금 자신의 인간관계의 트러블이나 불안의 근원에는 어린 시절의 가족관계 문제가 있다는 가설을 세우고 자유연상으로 기억을 더듬어 감으로써 과거의 자신 속에 있는 트라우마와 마주하고, 그렇게 하면 현재의 문제가 해소된다고 보는 실천입니다. '트라우마'는 굉장히 힘겨운 사고를 당했다든가, 피해를 입었다든가 등 중차대한 경우에 사용되는 경우가 많다고 생각합니다만, 여기서는 굉장히 넓게, '어떤 의미에서 마음에 걸리는 것' 정도의 의미로 받아들이세요. 그런 의미의 트라우마를 중심으로 눈덩이처럼 마음속의 구축물이 쌓임으로써 지금 나의 심적 경향이 만들어진다고 생각하는 것이 정신분석입니다.

반면 들뢰즈+가타리가 행한 비판은, 굉장히 간단하게 말하면 인간의 행동은 그런 어렸을 때 가족으로만 정해져 있는 게 아니라는 것입니다. **자기 자신을 극히 좁은 범위 =가족에서의 동일성만으로 생각하는 것은 리얼하지 않다**는 것입니다.

세계는 다방향의 관계성에 열려 있고, 게다가 그것은 변동하고 있을 것이며, 자기 자신의 마음 혹은 신체를 그러한 변동 속에 있는 가고정의 것으로 파악한다면, 옛날부터 계속되어 온 트라우마를 상기한다는 것은 애초에 이상한 이야기가 아닐까요? 오히려 그것은 그런 기준점이 있다고 가설을 세우고 거기를 향해 자기 자신을 고정해 가는 운동으로, 자신은 오히려 경직화되고 있는데도 마치 치유된 것 같은 기분이 들게 하는 속임수 기법이라는 것입니다.

이에 관해서는 5장에서 피에르 르장드르Pierre Legendre라는 사상가를 다룰 때 이야기하는데, 인간과 동물의 차이라는 이야기로 이어집니다. 동물은 본능적으로 취할 수 있는 행동의 변주variation가 상당히 정해져 있고, 무엇을 먹을지가 정해져 있는 종도 있고, 번식기도 정해져 있습니다. 그런데 인간은 뇌신경이 과도하게 발달해 있기에 본능으로부터 자유롭게, 더 다양한 행동을 취할 수 있도록 진화했습니다. 그리고 그 자유도에 대해 어떤 제약을 가하지 않으면 무엇을 해야 할지 알 수 없게 되어 버립니다. 이것이 인간이 다양한 수준에서 느끼는 불안의 근원입니다. 저는 정신분석을 바탕으로 인간을 이렇게 파악하고 있습니다.

그 때문에 자기 계발적인 조언에는 인간에게 모종의 결정을 제공함으로써 안심하게 만드는 것이 많은 게 아닐까요? "저렇게 말고 이렇게 살아라"라는 말을 들으면 사람들은 안심하게 됩니다. 그런데 그것은 효력이 오래가지 않아서, 그런 조언이 또다시 필요해집니다. 그렇기 때문에 비슷한 내용의 자기 계발서가 많이 간행되고 있는 것입니다. "아침 다섯 시에 일어나면 이득을 본다"라거나 "마음에 들게 노트를 하면 인생에 새로이 눈을 뜬다"라는 식으로 행동을 규정합니다. 하지만 그것은 조만간 효과가 없어져 버리기에, 또 다른 책을 사지 않으면 안 됩니다.

정신분석은 그러한 자기 계발보다 훨씬 깊고 무의식에 개입하는 실천인데, 그 정신분석만 해도 가족을 중심으로 한 이야기에 의해서, 단정적으로 ― 말은 나쁘지만 ― 자기의 안정화를 도모하는 것이라고 할 수 있는 면이 있습니다. 들뢰즈+가타리는 그것을 비판한 것입니다. 이와 유사한 방식으로 푸코도 정신분석에 대해 거리를 두었습니다.

들뢰즈+가타리의 사상은 밖에서부터 반강제로 주어지는 모델에 자신을 맡기는 것이 아니라 **다양한 관계 속에서 여러 가지 도전을 해서 스스로 준안정상태를 만들어 나가라**는 것이라고 할 수 있습니다.

이것은 꽤 엄격한 요구입니다. 어려운 일이라고 생각합니다. 들뢰즈+가타리가 생각하는 것은 모종의 예술적, 준예술적 실천입니다. 자기 자신의 생활 속에서 독자적인 거처가 되는, 자신의 독자적인 안정성을 확보하기 위한 활동을 여러 가지 만들어 나가자고 합니다. 그림을 그리는 것도 좋고, 관엽식물을 기르는 것도 좋고, 사회활동에 몰입하는 것도 좋습니다. 그러한 새로운 활동을 다양하게 조직화함으로써 인생을 준안정화해 나가면 되는 것이지, '**진정한 나의 본모습**'을 탐구할 필요는 없다, 그러니까 여러 가지를 하자, 여러 가지를 하다 보면 어떻게든 될 것이다,라는 것입니다. 들뢰즈+가타리의 사상은 그렇게 낙관적이고, 행동으로 사람들의 등을 떠밀어 주는 사상이거든요.

이중으로 생각하다

다만, 여기서 제 식으로 약간 딴지를 건다면, 역시 우리 현대인은 근대부터 계속되고 있는 사회시스템 속에서 살고 있고, 특히 그중에서도 가족은 강한 의미를 가지고 있습니다. 흔히 '독친毒親'[34]

문제가 거론되며 어린 시절의 학대 문제 등도 있습니다. 그런 의미에서는 자신의 가족관계를 그렇게 가볍게 볼 수 없다고 생각합니다.

저 자신은 정신분석적으로 가족관계를 풀어헤치는 것이 무의미하다고 생각하지 않습니다. 다만 들뢰지언으로서 그것만으로 모든 것이 해결된다거나, 거기에 모든 것이 집약되어 있다는 식으로는 생각하지 않습니다. 이에 대해서는 이중으로 생각하고 있고, 우선 가족관계의 분석은, 이것은 이것대로 하면 됩니다. 이와 동시에 거기에 모든 것을 집약시키지 않고, 더 다양한 관계성에 자신을 열어가는 것입니다. 그것은 즉, 자신이 어렸을 때 어떤 것을 밖에서 보았는가, 어떤 인간관계가 가족의 바깥에 퍼져 있었는가 하는 것입니다. 예를 들어 제가 어렸을 때는 패미컴[35]이 처음 등장했던 시절인데, 그러한 게임적 세계관이 퍼져 나간 것은 정신 형성에서 굉장히 중요한 의미를 가지고 있기도 합니다. 그것과 가족관계의 문제가 모두 중요하다고 생각합니다.

저는 『공부의 철학: 도래할 바보를 위하여』[36] 3장에서 '욕망 연표'를 만들자고 썼습니다. 자신이 좋아했던 것이라든가, 영향을 받은 것이라든가, 신경이 쓰였던 것 등을 연표로 만듦으로써 자신의 인생의 맥락을 자각해 보려는 시도입니다. 이것은 정신분석과 들뢰

---

34 자신들이 짜 놓은 틀에 맞춰 자녀를 통제하고, 자신의 삶을 아이의 삶에 투영함으로써 자녀가 어른이 되어서도 스스로 결정하지 못하고, 무언가에 억눌려 있는 인간으로 만드는 부모들을 가리킨다.

35 일본 조어 Famicom. TV 게임용 컴퓨터.

36 『勉強の哲学: 来たるべきバカのために』, 文藝春秋, 2017. ; 지바 마사야, 박제이 옮김, 『공부의 철학』, 책세상, 2018.

즈+가타리를 혼합한 사고방식의 실천 중 하나입니다.

이처럼 『안티 오이디푸스』라는 저작은 지금도 마음의 트러블을 생각할 때 시사점을 줍니다. 물론 이것만으로 해결될 것이라고는 생각하지 않으며, 생각하지 않는 편이 좋지만 말입니다.

예를 들어 심한 우울 상태가 되었을 때는 병원의 약물요법이 효과가 있습니다. 하지만 이렇게 해서 다시 한번 생생한 생활을 되찾아 가고 있을 때는 이러한 들뢰즈+가타리적인, 자신을 다양한 활동에 열어 간다는 사상은 도움이 되지 않을까요? 예를 들면, 사카구치 교헤의 『자신의 약을 만들기』[37]라는 책은 바로 그러한 사상을 구현하고 있습니다. 우울증이 왔을 때 "뭔가 활동하자!"라고 무리하게 노력하면 좋지 않기에 주의할 필요가 있다고 생각합니다. 다만 이렇게 주의해야 하는구나 하는 틀이 또 답답하게 만들 수 있고, 그 바깥에 또 다른 활동의 가능성이 있을지도 모른다는 것을 염두에 두는 것은 분명 도움이 될 것이라고 생각합니다.

'지나치게 ~하지 않다'의 필요성

그 후 들뢰즈+가타리는 『천 개의 고원』이라는 책을 1980년에 간행합니다. 정신분석 비판보다 한 걸음 더 나아가 세계 전체를 더 해방적인 것으로 파악하기 위한 새로운 사고방식과 개념을 제시

---

37 坂口恭平, 『自分の薬をつくる』, 晶文社, 2020.

하는 책입니다.

그 첫 번째에 놓여 있는 장이 「리좀」입니다. 리좀이란 이번 장의 첫머리에서 말했듯이 다방향으로 퍼져 나가는 중심이 없는 관계성을 말합니다. 그리고 중요한 것은 **리좀은 곳곳으로 퍼져 나가는 동시에 곳곳에서 두절되기도 한다**고 알려져 있다는 것입니다. **그것을 '비의미적 절단'이라고 합니다.** 즉, 모든 것이 서로 연결됨과 동시에 모든 것이 무관할 수 있다는 것입니다.

언뜻 모순적인 것처럼 느껴질 것 같은데 이것이 들뢰즈+가타리의 특색입니다. 이를 어떻게 보느냐는 읽는 방식에 따라 다르겠지만, 저의 『너무 움직이지 마라: 질 들뢰즈와 생성변화의 철학』[38]에서는 이를 중시하고, "모든 것이 관계되어 있다"라는 발상은 자칫 "모든 것에 책임을 져야 한다"라는 답답한 발상으로 이어질 수 있지만, 그런 게 아니라 들뢰즈+가타리는 근본적으로, 즉 존재론적 의미에서 '무관계성'을 긍정하고 있으며, 그것은 근본적인 존재의 '무책임'을 의미한다고 말했습니다.

이렇게 무책임의 중요성이라고 말하면, 그런 게 왜 중요한지 모르겠다는 비판이 있을 수 있는데, 예를 들어 누군가를 간병해야 한다고 해도 그때 그 사람에게 자신의 모든 생활을 바치게 되면 간병인은 살아갈 수 없게 됩니다. 혹은 간병을 받는 쪽에서도 도움은 필요하지만, 그것이 과잉이 되면 감시당하고 있다고 느끼게 됩니다.

---

38 『動きすぎてはいけない: ジル・ドゥルーズと生成変化の哲学』, 河出書房新社, 2017.; 지바 마사야, 김상운 옮김, 『너무 움직이지 마라: 질 들뢰즈와 생성변화의 철학』, 바다출판사, 2017.

비록 인간관계에서 연결이 필요하다고 해도 거기에는 일정한 거리가, 더 강하게 말하면 무관계성이 없으면 우리는 서로의 자율성을 유지할 수 없습니다. 즉, 무관계성이야말로 존재의 자율성을 가능하게 하는 것입니다. 관여할 필요가 있어도 너무 관여하지 않는다는 안배가 요구되는 것입니다.

버림받고 불행한 일을 겪고 있는 사람들이 많다는 사회 비판적 인식에서 보면 좀 더 관여해야 한다는 말은 맞는 말인 것 같습니다. 하지만 **너무 관여만 하게 되면 그로 인해 감시나 지배로 변질될 위험성이 있고, 그것에 대한 균형으로서 너무 관여하지 않는다는 것을 말할 필요도 있다**는 것이 제가 들뢰즈에서 끌어내고 있는 중요한 주제입니다.

다만 이 "너무 관여하지 않는다"라는 것을 "관여하지 않아도 좋다"라고 받아들여 버리면, 사회가 냉담해져 버립니다. 그건 제가 하고 싶은 말이 아닙니다. 오히려 더 따뜻한 사회를 지향하기 때문에, "지나치게 ~하지 않는다"가 필요하다는 것이 제가 말하고 싶은 것입니다.

노마드의 유리

들뢰즈 및 들뢰즈+가타리에서는 **하나의 구심적인 전체성에서 벗어나는 자유로운 관계**를 말하는 장면이 여럿 있는데, 자유로운 관계가 증식하는 것을 창의적이라고 하는 동시에 그 관계는 자유롭기 때문에 전체화되지 않고 항상 단편적으로 재창조 가능하다는 것이 강조됩니다. 만약 그것이 전체화되어 버리면, 새로운 '안內'을 만들어 내기 때문입니다. **전체성에서 벗어나는 움직임은 '도주선' 이라고 불립니다.**

크게 말해서『천 개의 고원』에서 구심적인 전체성은 '국가'에 대응하고 그 외부에 '노마드(유목민)'의 세계가 펼쳐져 있다는 세계사의 한 비전이 제시됩니다. 노마드는 '전쟁 기계'라고도 불립니다.

…… 전쟁 기계는 유목민이 발명한 것이었다. 왜냐하면 전쟁 기계는 그 본질상 매끈한 공간의 구성 요소이며, 따라서 이 공간의 점거, 이 공간에서의 이동, 또 이 공간에 대응하는 인간 편성의 구성 요소이기 때문이다. 바로 이것이 전쟁 기계의 유일하고 진정한 적극적 목표(노모스)다. 즉, 사막이나 초원을 늘리되 그곳에 사람이 살지 못하게 하는 것이 아니고 정반대다. 만약 전쟁 기계로부터 전쟁이 필연적으로 생겨난다면, 그것은 전쟁 기계가 자신의 적극적 목표에 대립하는 (홈 파임[39]의) 세력들로서의 〈국가〉 및 도시들과 충돌하기 때문이다. 일단 이렇게 충돌하고 나면, 전쟁 기계는 〈국가〉와 도시, 국가적·도시적 현상을 적으로 간주하고 이것들의 섬멸을 목표로 삼는다. 바로 이때 전쟁 기계는 전쟁이 되어 〈국가〉의 힘들[세력들]을 섬멸시키고 국가-형식을 파괴하려고 한다. 아틸라나 칭기즈칸의 모험은 적극적 목표와 소극적 목

---

39 홈 파임이란 이 책의 13쪽에 있는 "세계의 미세한 요철이 불도저로 고르게 되어 버리는 것입니다"라는 문장에서 "세계의 미세한 요철"이 있는 경우를 가리킨다. 홈이 파여 있어서 울퉁불퉁한 것을 의미하며, 이와 대칭되는 개념이 '매끈함'이다.

표의 이런 계기(계속, succession)를 잘 보여 준다.[40]

노마드는 자유롭게 내버려져 있고 싶어 하기 때문에 그것을 끌어들여 조직화하려는 국가적·영토적 힘에 대해서는 격렬한 공격성으로 대항합니다. 이것이 재미있는 부분입니다. 자유롭게 산다는 것에는 그런 공격성이 포함되어 있으며, 질서를 따르지 않고 밖에서 수상한 관계를 만들고 있는 녀석들이라는 이미지가 있는 것입니다. 전쟁 기계인 노마드는 불량하고 양아치(불량배)적인 것입니다. 그러나 흔히 말하는 것처럼 양아치나 폭주족에게는 견고한 상하 관계가 있으며, 그것은 '미니 국가'일 뿐입니다. 들뢰즈+가타리의 전쟁 기계론에서는 그보다 더 유동적인 무리가 이미지화되어 있습니다.

1990년대에는 인터넷이 그러한 해방적인 인간관계를 가능하게 한다는 이상론이 있었습니다. 하지만 결국 그 후 인터넷 사회는 도덕적 몸싸움만 하고 말았습니다. 그것은 전쟁 기계적이라기보다는 미니 국가적입니다.

오히려 **중요한 것은 그러한 가치관의 싸움으로부터 디태치 detach＝유리遊離되고, 하지만 서로에 대한 배려를 가지고, 게다가 그 배려가 타자에 대한 관리가 되지 않도록 하는 매우 어려운 안배를 유지할 수 있는가** 하는 것입니다.

---

40 Gilles Deleuze, Félix Guattari, *Mille Plateaux: Capitalisme et Schizophrénie*, Minuit, 1980, pp.519-520. ; ジル・ドゥルーズ＋フェリックス・ガタリ, 宇野邦一 外 訳, 『千のプラトー』下, 河出書房新社, 2010, 139頁. ; 질 들뢰즈·펠릭스 가타리, 김재인 옮김, 『천 개의 고원』, 새물결, 2001, 799-800쪽.

그러한 디태치먼트＝유리의 태도를 취하면, 오늘날에는 종종 '냉소적인 사람'이라는 말을 듣게 되지만, 그러나 그것은 상황을 단지 위에서 관망하듯이 내려다보면서 냉소하는 것이 아니라, 관계하지만 너무 관계하지 않는다는 대인 원조對人援助의 균형과 똑같은 의미에서 진지하게 타자와의 공존을 생각한다면, 필요한 거리 두기를 하는 게 됩니다. 그리고 그러한 거리 두기를 부정하는 움직임에 대해서는 강한 저항을 하지 않을 수 없습니다.

관리·통제 사회 비판

기성 질서 밖으로 확산되는 관계성이 창의적이라는 긍정적인 메시지가 있는 한편, 그것이 새로운 관리 체제로 변질되지 않도록 하자는 데에도 들뢰즈의 강조점이 있었습니다.

이를 분명히 알 수 있는 것이 말년의 들뢰즈의 관리사회론입니다. 『대담 1972~1990』(1990)에 수록된 「통제와 생성」이라는 이탈리아 좌파 사상가 안토니오 네그리Antonio Negri와의 인터뷰가 그것입니다. 네그리는 의사소통 사회에 의해 새로운 의사소통을 생각할 가능성에 대해 묻는데, 들뢰즈는 비판적입니다. 들뢰즈에 따르면 의사소통은 돈에 의해 완전히 침투되었으며, 오히려 필요한 것은 '비-의사소통의 텅 빈 구멍vacuole, 空洞'이나 '차단기interrupteurs'라고 말합니다.

당신은 관리·통제 사회 혹은 의사소통의 사회가 '자유로운 개인들의
횡단적 조직'으로 구상된 코뮤니즘에 [새로운] 기회를 다시 줄 수 있는
저항의 형태를 불러일으키지 않을까라고 물으셨습니다. 잘 모르겠지
만, 어쩌면 그럴지도 모르겠습니다. 그러나 소수자들이 다시 발언할
수 있을 정도는 아닐 겁니다. 아마도 발언, 의사소통은 썩었습니다. 이
것들은 돈에 의해 완전히 침투되었습니다. 우연히 그렇게 된 게 아니
라 본성상 그렇게 된 것입니다. 발언(말)의 방향 전환이 필요합니다. 창
조한다는 것은 언제나 의사소통과는 다른 것이었습니다. 중요한 것은
관리·통제를 피하기 위해 비-의사소통의 텅 빈 구멍을, 차단기를 창
조하는 것일 수 있습니다.[41]

이 대목은 바로 오늘의 사태를 예언하고 있다고 생각합니다. 바
로 트위터 얘기잖아요! 확실히 인터넷으로 인해 사람들이 다양한
목소리를 낼 수 있게 되었죠. 예를 들어 "권력자가 이런 짓을 했다"
라거나 "유명인이 이런 말실수를 했다"라거나 이런 뉴스가 나오면
모두가 분노의 목소리를 내지르지만, 결국 그것은 언론의 장사 수
단이 되고 맙니다. 즉, 사람들은 도덕 감정에 의해 지나치게 강하게
자극받으므로, 그것을 자극하면 미디어는 쉽게 장사를 할 수 있습
니다. 그야말로 의사소통은 금전에 중독되어 있는 셈입니다.

---

41 Gilles Deleuze, *Pourparlers 1972-1990*, Minuit, 1990, pp.237-238.; ドゥルーズ, 宮
林寛訳, 『記号と事件』, 河出書房新社, 2007, 352頁.; 질 들뢰즈, 김종호 옮김, 『대담
1972~1990』, 솔출판사, 1994, 195쪽. 프랑스어 원본을 바탕으로 재번역했다. 한편,
본문에서는 국역본 제목을 따랐지만, 제목 역시 「관리·통제와 생성변화」로 바뀌어
야 할 것이다.

그래서 필요한 것은 그렇게 언뜻 보기에 올바름으로 사람들을 낚는 비즈니스에 말려들지 않고 이성적으로 사회의 문제를 마주하는 것이라고 생각합니다. 그렇기 때문에 들뢰즈는 오히려 비-의사소통이 필요하다고 말한 것입니다.

접속과 절단의 균형

하지만 들뢰즈에게는 리좀의 사상이 있습니다. 이는 **창의적인 관계성을 넓히면서, 게다가 비-의사소통이 필요하다는 주장을 하고 있다**는 뜻입니다. 이것은 모순된 것 같습니다만, 그러나 그 두 명제가 이상적으로 양립하는 일은 당연히 없으며, 그것은 그때그때의 상황에 맞게 균형을 항상 변동시켜 나갈 수밖에 없다고 생각합니다. 어떤 때는 관계성을 넓히고, 어떤 때는 관계성을 억제한다는 것입니다.

바로 이것은 **한 인간과 어떻게 관계를 맺으면 그것이 필요한 사랑이 되고 지배가 되지 않을까 하는 그때그때의 상황에 맞는 판단이 문제 된다**는 것과 다름없습니다. 그리고 그것이야말로 정말로 인간을, 혹은 인간 이외의 모든 존재자를 진지하게 마주하는 것, 구체성을 진지하게 마주하는 것이라고 생각합니다. "이것이 가장 올바른 관계성이 있는 방식이다"라는 답이 미리 정해져 있는 것은 아닙니다. 모든 관계성은 생성변화의 도상에 있는 것입니다.

그런 의미에서 접속과 절단의 균형을 그때그때의 상황에 맞게 판단한다는, 언뜻 보기에는 매우 당연하고 세속적인 문제가 들뢰즈에게는 세계를 혹은 존재를 어떻게 마주할 것인가 하는 근본 문제로 진지하게 질문되고 있는 것입니다.

푸코

: 사회의 탈구축

Jacques Derrida
Gilles Deleuze
Michel Foucault
Friedrich Nietzsche
Sigmund Freud
Karl Marx
Jacques Lacan
Pierre Legendre
Emmanuel Levinas
Catherine Malabou
Quentin Meillassoux
Graham Harman
François Laruelle

권력의 이항대립적 도식을 흔들다

지금까지 탈구축을 키워드로 데리다, 들뢰즈, 푸코 세 사람을 다룬다고 하면서 여기까지 왔는데, 이번 장에서는 세 번째 인물을 다룹니다. 철학자·역사가인 미셸 푸코(1926~1984)는, 말하자면 '사회의 탈구축'을 행했다고 할 수 있습니다.

확인해 두는 것인데요, 본서에서는 데리다에게서 '개념의 탈구축', 들뢰즈에게서 '존재의 탈구축'을 보고, 마지막으로 푸코가 '사회의 탈구축'입니다.

탈구축이란 '이항대립을 흔들어 버리는' 것인데, 이것이 사회에서는 어떤 문제가 될까요? 푸코는 '권력' 분석을 전개했습니다. 그밖의 다른 주제들도 있지만, 푸코를 권력론으로 다루는 편이 초보자들에게는 들어가기 쉽기 때문에 그렇게 해 보려고 합니다.

권력이라는 말을 들으면 어떤 이미지가 떠오를까요?

보통 권력이라고 하면 왕 같은 강한 권력자·지배자가 있고 그것에 약한 인민이 억압되고 지배되는 일방적, 비대칭적인 관계가 이미지화될 것입니다. 강한 놈에게 억눌려서 잠자코 있을 수밖에 없다든가, 거기에 저항한다든가 하는 그런 이항대립적 구도입니다. 이항대립에서는 지배자 쪽에 능동이, 피지배자 쪽에 수동이 할당되어 있습니다.

우리 중 상당수는 피지배자의 입장에 있는데, 그 수동적 입장에서 자신들을 지배하는 능동의 입장을 '나쁜 놈들'로 묶고 그것과 싸운다는 명쾌한 구도를 그릴 수 있습니다. 약한 자를 지키는 영웅이 출현해서 악과 싸운다는 이미지죠. 이런 이미지는 유치하지만, 일반적으로 정치 비판이나 사회운동에 대해 품고 있는 것 아닐까요? 영웅물 같은 이미지가 권력의 이항대립적 도식이라는 것인데, 푸코는 그것을 흔드는 거죠.

그걸 흔든다는 것은 무슨 말일까요? **지배를 당하고 있는 우리는 사실 그저 수동적인 것이 아니라 오히려 '지배받는 것을 적극적으로 바라는' 구조가 있다**는 것을 밝히는 것입니다.

그렇게 말하면, "아니, 그렇지 않다. 나는 원치 않게 지배당하고 있다"라고 의식적으로는 생각할지도 모르지만, 실은 의식하기 어려운 수준에서, 스스로 자신을 긴 것에 감길 수 있도록[42] '자기 순종화'

---

42 長いものに巻かれる는 '긴 것에는 감기다'라는 뜻으로, 자기 힘에 겨울 정도로 긴 것에는 차라리 감겨야 마음이 편하다는 뜻에서 '힘 있는 자에게는 거역하지 않는 편이 좋다'나 '힘에 순순히 따르다, 굴복하다'라는 의미로 사용된다.

하는 구조가 세상에는 만연해 있는 것입니다.

즉 권력에는 위로부터 짓누르는 것뿐만 아니라 아래로부터 그것을 지탱하는 구조도 있어서, 진짜 나쁜 것을 찾는다는 발상 자체가 잘못된 거죠. 권력은 위와 아래가 서로 얽히면서 복잡한 순환구조로 작용하고 있습니다. 『성의 역사 I : 지식의 의지』의 4장 처음 부분은 이러한 권력론을 비교적 알기 쉽게 요약하고 있습니다.

권력은 아래에서 나온다는 것. 즉 권력관계들의 원리에는 일반적인 모체로서 지배자들과 피지배자들 사이의 이항적이자 전반적인 대립이 없다. 또한 위에서 아래로, 그리고 사회체의 심층부에 이르기까지 점점 더 제한된 선출된 집단들에 반향을 일으키는 이런 이원성dualité이 없는 것이다. 오히려 생산의 기구들appareils, 가족, 제한된 집단, 제도 속에서 형성되고 작동하는 복수의 힘 관계들[세력 관계들]이 사회체 전체를 관통하는 단층대의 거대한 효과[거대한 균열의 효과]를 뒷받침하는 역할을 하고 있다고 가정해야 한다.[43]

한마디로 권력이란 '복수의 힘 관계[세력 관계]'입니다.[44]

이런 식으로 말하면 바로 "싸워야 할 악을 지칭하기가 어려워진다. 일어서야 할 인민에게도 나쁜 점이 있다는 이야기가 되어 버리

---

43 Michel Foucault, *Histoire De La Sexualité 1: La Volonte De Savoir*, Gallimard, 1976, p.124. ; ミシェル・フーコー, 渡辺守章 訳, 『性の歴史 I : 知への意志』, 新潮社, 1986, 121-122頁. ; 미셸 푸코, 이규현 옮김, 『성의 역사 1: 지식의 의지』 제4판, 나남출판, 2020, 108쪽. 역시 프랑스어 원본에 근거하여 번역을 수정했다.

44 위의 책, 일역본, 119頁.

면, 애초에 정치운동을 할 수 없게 된다. 어느 쪽에도 나쁜 점이 있다고 하는 '이것이나 저것이나 똑같다론〔양시양비론〕'을 지닌 사람은 필요한 투쟁에서 눈을 떼게 하며 상황을 그저 위에서 관망하듯이 내려다보는 '냉소적인 사람'이다"라는 등의 비판을 받을지도 모릅니다. 아까 말한 것 같은 푸코적 관점에 대해 그런 반응이 나오는 경우가 많아진 것 같습니다.

하지만 그건 잘못인 것 같습니다. 그런 저항운동이 사실 큰 권력구조의 손바닥에서 춤추고 있는 것일 수도 있기 때문입니다. 중요한 것은 도대체 어떤 권력의 회로가 작동하고 있는지를 차분하고 냉정하게 분석하는 것입니다. 이것이 푸코에게서 얻을 수 있는 가르침입니다.

그런데 지배하는 자/지배받는 자가 상호 의존적이라면 푸코는 그러한 구조 밖으로 벗어날 수 없다고도 말하고 싶은 것일까요?

그렇지 않습니다. 푸코의 사상에 항상 있는 것은 권력구조, 혹은 푸코의 말로 하면 '통치'의 시스템 바깥을 생각하는 의식입니다. 들뢰즈의 용어로 말하면 질서의 외부로 '도주선'을 긋는다는 것이 푸코의 노림수입니다.

여기서는 단순한 이항대립적 구도에서의 저항운동으로는 도주선을 긋기는커녕 오히려 시스템에 사로잡힌 채로 있게 된다는 것이 핵심 포인트입니다. 진짜 도주선은 어렵습니다. **도주선을 그을 수 없다는 것이 아니라, 당신들이 생각하는 것보다 한층 어렵다**는 것이 푸코의 메시지입니다.

여기서 푸코의 저작을 대충 소개하겠습니다.

박사논문을 바탕으로 한 『광기의 역사』(1961)가 최초의 중요한 저작이고, 그 후 1960년대 중반의 『말과 사물』(1966)은 프랑스에서 큰 화제가 되었습니다. 이런 난해한 책이 팔리는 것이 프랑스라는 나라의 대단한 점이자 1960년대라는 시대의 대단한 점이기도 합니다. 방법론적인 책인 『지식의 고고학』(1969)도 그 제목이 멋있기 때문에 유명하지만, 특히 난해한 책이기 때문에 이번에는 다루지 않겠습니다.[45]

초보자가 씨름하기 쉬운 것은 『감시와 처벌』(1975)일 것입니다. 이것은 구체적으로 권력의 역사를 논한 책입니다. 그리고 『성의 역사 I : 지식의 의지』(1976)는 섹슈얼리티 연구에서 전 세계에 거대한 영향을 미칩니다. 그 1970~1980년대의 시기에 푸코는 콜레주 드 프랑스Collège de France라는 곳에서 강의를 했고, 그 강의록이 간행되었습니다. 『성의 역사 II : 쾌락의 활용』(1984), 『성의 역사 III : 자기에의 배려』(1984)를 낸 그해, 예정되어 있던 제4권은 내지 못한 채 푸코는 AIDS로 사망하게 됩니다.[46]

그 『성의 역사 IV : 육신의 고백』(2018)[47]은 원래 사후 출판이 금지되어 있었으나 실제로는 교정 단계에 있었고, 최근 들어 권리 승계

---

45 국역본으로는 다음이 있으나 여전히 교정되어야 할 사항이 많다. 미셸 푸코, 이규현 옮김, 『광기의 역사』(개정판), 나남출판, 2020. ; 이규현 옮김, 『말과 사물』, 민음사, 2012. ; 이정우 옮김, 『지식의 고고학』, 민음사, 2000.

46 국역본으로는 다음이 있다. 미셸 푸코, 오생근 옮김, 『감시와 처벌』(번역개정 2판), 나남출판, 2020. ; 이규현 옮김, 『성의 역사 1: 지식의 의지』(제4판), 나남출판, 2020. ; 신은영·문경자 옮김, 『성의 역사 2: 쾌락의 활용』, 나남출판, 2018. ; 이혜숙·이영목 옮김, 『성의 역사 3: 자기 배려』(제3판), 나남출판, 2020.

자의 허가를 얻어 출판되었고 번역도 되었습니다. 이 책에서는, 그 『성의 역사 Ⅳ』에 의해 밝혀진 것을 고려하여 해설을 가합니다.

입문서로는 신카이 야스유키의 『미셸 푸코: 자기에서 벗어나기 위한 철학』[48]을 우선 추천합니다. 압축적인 책이지만 초기부터 후기까지 균형 있게 설명되어 있습니다.

'정상'과 '비정상'의 탈구축

그런데 맨 처음의 『광기의 역사』에서 이루어지고 있는 것은 굉장히 거칠게 말하면, '정상'과 '비정상'의 탈구축입니다.

이게 정상이고 이게 비정상이라는 분할선은 어떤 맥락에서 보느냐에 따라서 다르며, 그것은 항상 만들어진 것이라는 얘기입니다. 그 배후에는 정치적인 사정이 있습니다. 말하자면 **이른바 '정상적인 것'은 기본적으로는 다수파, 메이저리티[49]를 말하는 것이며, 사회에서 중심적인 위치를 차지하고 있는 것입니다. 그에 반해 귀찮**

---

47 국역본으로는 다음이 있으나 제목을 비롯해 내용의 수정이 필요할 것이다. 미셸 푸코, 오생근 옮김, 『성의 역사 4: 육체의 고백』, 나남출판, 2019. 부제에 쓰인 '육체'보다는 메를로퐁티Maurice Merleau-Ponty의 용어 '살'을 포함한 '육신', '몸뚱어리' 등이 더 적합한 번역어이다.

48 慎改康之, 『ミシェル・フーコー: 自己から脱け出すための哲学』, 岩波書店, 2019.

49 메이저리티는 수가 많다는 의미에서의 '다수자', '다수파'이기도 하지만 힘이 강하냐 약하냐가 오히려 더 중요하다는 지적에 따라 '강세자, 강대자'로 번역하는 편이 낫다. 또 마이너리티 역시 '약세자, 약소자'가 더 낫다. 그러나 저자가 이런 생각을 명시적으로 밝힌 바 없으므로 '메이저리티'로 음차한다.

은 것, 방해되는 것이 '비정상'이라고 정리되는 것입니다. 그 존재가 다루기 힘들면 사회적으로 마이너스의 딱지가 붙게 되어 차별을 당합니다. 반대로 관대한 처우에 따라 그것을 사회에 '포함'하는 경우에도, 메이저리티의 가치관에 기대어 그렇게 하는 것입니다.

『광기의 역사』라는 제목에 포함된 '광기'는 강한 말로 들릴지도 모릅니다. 그러나 옛날의 그것은 의미가 매우 넓고, 다종다양한 일탈행동을 포함하여 얘기되었습니다. 어쨌든 뭔가 사람들이 싫다고 생각하는 것, 위험하다고 생각하는 것을 묶은 개념입니다.

푸코는 '올바른 쪽'과 '이상한 쪽'으로 묶여서 그 두 묶음이 복잡한 몸싸움을 하는 상태를 사회의 기본구도로 생각하고 있습니다. 근대라는 시대는 그 이항대립을 강화한 시대입니다. 뭐 여러 가지 이상한 일을 하는 사람은 있는 셈이죠. 그런 사람들을 묶어서 병원이나 감옥에 가두는 등의 일을 하지 않고 평범하게 공존하는 상태, 바로 그것을 푸코는 사회의 본래 기본값default으로 생각하고 있습니다. 그리고 근대 이후 세상이 얼마나 그런 상태가 아니게 되었는가를 생각하는 것입니다.

현대라면 발달장애를 생각하면 이해하기 쉬울 것입니다. 옛날 같으면 '별난 아이'라든가 '고집이 있는 아이'라고 생각되었던 사람들을 "의사소통의 장애가 있다" "사람의 마음을 잘 읽지 못한다" 등으로 파악할 수 있게 되었습니다. 즉, 메이저리티의 사회 속에서 잘 생존하지 못하면 가치가 매겨지고 묶이는 것입니다.

그렇게 되어야 비로소, 돌봄·배려를 받을 수 있으니 다행이라고 많은 사람은 생각할지 모르지만, 그러나 그것은 주류파의 세계 속에서 주류파의 방식에 맞추어 살아가는 것을 전제로 하고 있습니다. 이에 주의해야 합니다. 메이저리티란 이질적인 사람을 마이너스로 보는 가치관을 전제하고 있는데, 메이저리티에 맞추기 위한 돌봄·배려를 받을 수 있어서 다행이라는 것은 윤리적으로 이상하다는 생각이 들지 않습니까? 실제로 사회에는 규범이 있기 때문에 적응을 위한 지원support은 사실상 필요하다고 말하지 않을 수 없지만, 더 다양하게 뿔뿔이 흩어져 살아도 상관없다면 발달장애라고 일컬어지는 상태가 그렇게 문제 되는 것일까 하는 생각도 들지 않을까요?

이처럼 오늘날 불리하다고 여겨지는 범주가 불리한 것은 애초에 유리한 범주가 전제되어 있기 때문입니다. 푸코는 이런 구조에 대해 비판하는 도구를 줍니다.

푸코의 진단에 따르면 17세기 중반 무렵에 감옥이라는 시스템이 생겨나고 범죄자 격리가 시작되는데, 그 시기에 광기의 격리도 일어나기 시작했다고 합니다. 그 이전에는 말하자면 더 와일드한, 시끌벅적한 세계였어요. 그 후 감옥 혹은 감옥적인 공간 — 병원 등의 시설을 말합니다 — 에 노이즈를 집약함으로써 주류파 세계를 깨끗하게 해 나가게 되었습니다.

이런 청정화야말로 바로 근대화라고 해야 할 것입니다.

그리고 근대화에는 어떤 의미에서 격리보다 중요한 측면이 있습니다. 예전 시대에는 격리되어 있던 사람들을 점점 '치료'하고 사회 속으로 되돌리는 움직임이 나옵니다. 하지만 그것이 사람에게 살가운 세상으로 바뀌었다는 것이냐 하면 그렇지 않습니다. 푸코적 관점에서 보면 통치가 더 교묘해졌다고 봐야 합니다. 즉, 단지 배제해 두기만 할 뿐이라면 비용이 많이 들지만, 그러한 사람들을 주류파의 가치관으로 세뇌하여 다소 도움이 되는 인간으로 변화시킬 수 있다면, 통치하는 쪽에서 보면 더 편리한 것일 테니까요.

이런 형태로 **통치는 사람에게 살가워지는 것 같고, 더 강해지는** 것입니다. 그런 식으로 말하면, 이 얼마나 심술궂은 시각인가라고 생각할지도 모릅니다만, 푸코에게서 얻을 수 있는 것은 이런 견해입니다.

게다가 푸코에게는 정상과 비정상이 명확하게 구별되지 않고 애매하게 서로에 대해 관용적인 상태를 좋다고 하는 그런 가치관이 전체적으로 있다고 보면 좋을 것 같습니다.

권력의 세 가지 모습

다음으로 푸코에게서 권력의 세 가지 모습을 정리합시다. 먼저 임금이 있던 시대, 그로부터 근대로, 그리고 현대로,라는 전개입니다. 대략 이 세 단계로 생각하는데, 이 이야기는 『감시와 처벌』과 『성의 역사 I』을 어우름으로써 성립됩니다.

푸코는 근대화의 가장 중요한 시기를 17~18세기에 두고 있는데, 그 변화 전에는 왕권의 시대입니다. 그 시대의 권력의 모습은 예를 들어 뭔가 나쁜 짓을 하면 광장에서 잔혹한 형벌을 주어 구경거리로 삼는 것이기도 했습니다. 일본이라면 저잣거리에서 조리돌림을 하거나 효수당한 머리를 옥문에 내걸어 여러 사람에게 보이는 경우 겠지요. 그런 식으로 본보기로 삼아 위협하는 것이 메인이었던 것입니다. 무슨 일을 저지르면 이런 일을 당한다, 그만큼 왕이라는 것은 대단한 것인 셈입니다.

다만, 반대로 말하면, 안 걸리면 되는 거죠. 뭔가 저지르고 들켰을 경우에는 벌을 받는다는 것이고, 그에 대한 대처가 애드혹(ad hoc, 그때마다)이기 때문에, 반대로 보이지 않는 곳에 다양한 일탈의 가능성이 퍼지고 있었다고도 말할 수 있습니다.

규율 훈련: 자기 감시를 행하는 마음의 탄생

그에 반해, 17~18세기를 통해서 성립해 가는 권력의 모습을, 푸코는 '규율 훈련discipline, 디시플린'이라고 부릅니다.**50** 더 부드러운 일본어라면 '훈육'이죠. 이것은 간단히 말해서, **누구에게 보이지 않더라도 스스로 알아서 나쁜 짓을 하지 않도록 항상 조심하는 사람들을 만들어 내는 것입니다.** 훈육이란 그런 거죠.

푸코는 규율 훈련을 '판옵티콘panopticon'이라는 감옥 시스템을 예로 들어 설명했습니다. 이 감옥은 벤담Jeremy Bentham이라는 영국

50 한국에서는 '규율 훈련'이 아니라 '규율'로 통용되지만, 일본처럼 적어도 된다고 판단해 이 단어는 바꾸지 않았다. 참고로 이 뒤에 나오는 '훈육'은 한국어는 물론이고 프랑스어에서도 교육을 의미하는 éducation, enseignement에 해당되는 경우가 있지만, 푸코가 『감시와 처벌』 등에서 사용하는 '훈육'은 짐승을 길들일 때 주로 사용되는 dressage(훈련, 조련)에 가깝다.

철학자가 생각한 것입니다(96쪽 그림 참조).

죄수가 들어가는 독방이 도넛 모양의 건물에 늘어서 있고, 그 가운데 구멍 부분에 탑이 세워져 있습니다. 탑에는 감시실이 있고, 그곳에서 한 바퀴 빙 둘러서 한눈에 지켜보듯이 원둘레의 모든 독방을 감시할 수 있게 되어 있습니다. 이게 판옵티콘, '일망 감시'를 할 수 있는 감옥입니다.

한편 독방 쪽에서는 탑에 간수가 있는지를 충분히 확인할 수 없게 되어 있습니다(창문에 쇠창살을 달고 내부에 칸막이를 설치함으로써). 즉, **죄수는 자신이 감시당하고 있는지 확인할 수 없습니다. 그리고 그 때문에 오히려 항상 감시당하고 있다는 의식을 갖게 되는 것입니다.**

이 시스템이 대단한 것은 탑에 사실 아무도 없어도 죄수는 그것을 알 수 없다는 점입니다. 그래서 탈옥을 생각해 봤자, 만약 간수가 보고 있다면 처벌을 받을 것이기 때문에 그런 행동을 삼가게 됩니다. 하지만 실제로는 간수가 없을지도 모릅니다. 그러니까 감시를 받지 않아도 **스스로 자신을 자기 감시하는** 상태에 놓게 되는 것입니다.

이를 모델로 근대의 다양한 제도 ─ 학교, 군대, 병원, 가족 등 ─ 에서 이뤄지는 훈육을 일반적으로 파악할 수 있게 됩니다. 즉, 옛날에는 왕의 강렬한 존재감이 중요했지만, 근대사회의 핵심은 **지배자가 비가시화된다**는 것입니다. 그리고 반대로 사람들은 항상 감시당하고 있을지도 모른다는 불안감을 품게 됩니다. 오늘날식으로 말하면, 사람들이 무엇을 짐작하고 있는지 모르겠지만 지레짐작하고 있

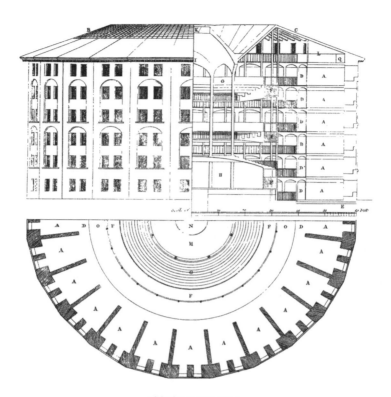

판옵티콘(『감시와 처벌』)

는 상태네요. 그것에 의해 태평천하가 된다는 것, 이것이 근대입니다. 이런 권력구조가 오늘날까지 계속 이어지고 있는 거죠. 조금 길지만 『감시와 처벌』에서 자세한 부분을 인용하겠습니다.

각자는 자신의 마땅한 자리에서, 독방에 갇혀 있는데, 그곳에서는 감시자에게 정면에서 보이지만 독방의 측면 벽은 동료들과 접촉하는 것을 가로막는다. 그는 보이지만, 보지 않는다. 그는 정보의 대상이지 의사소통의 주체가 결코 아니다. 중앙의 탑과 마주 보는 그의 방 배치는 그에게 중심축에서의 가시성을 부과한다. 그러나 원형 건물의 〔내적〕 분할인 잘 분리된 이 독방들은 측면에서의 비가시성을 내포한다. 그리고 이 비가시성은 질서를 보장한다. 그래서 수감자가 유죄 선고를 받았어도, 음모나 집단 탈옥 시도나 장래를 위한 새로운 범죄 계획이나 상호 간의 나쁜 영향 등이 생길 위험은 없다. 수감자가 병자일지라도, 감염의 위험이 없다. 미치광이일지라도, 상호 폭력을 행사할 위험이 없다. 어린이일지라도, 남의 숙제를 베끼는 부정행위도, 소란을 피우는 것도, 수다를 떠는 것도, 주의가 산만해지는 것도 없다. 노동자일지라도, 주먹다짐도, 도둑질도, 공동모의도, 작업의 지연이나 불완전한 마무리, 우발적 사고를 초래하는 부주의도 없다. 군중, 밀집한 대중, 복수의 교환 장소, 집단적 효과인 서로 결합되는 개인들은 폐지되고 그 대신 분리된 개인들의 모임collection이 들어선다. 간수의 관점에서 보면, 이런 군중 등은 셀 수 있고 관리·통제할 수 있는 다양체multiplicité로 대체된다. 또 수감자의 관점에서 보면, 격리되고 주시되는 고립 상태로 대체된다.[51]

이상은 판옵티콘에 대한 설명인데, 이는 '일반화가 가능한 하나

---

51 Michel Foucault, *Surveiller et punir: Naissance de la prison*, Gallimard, 1975, p.202. ; フーコー, 田村俶訳, 『監獄の誕生: 監視と処罰』, 新潮社, 1977, 202-203頁. ; 미셸 푸코, 오생근 옮김, 『감시와 처벌』, 나남출판, 2020, 295-296쪽. 프랑스어 원본에 기반하여 국역본과 일역본을 모두 수정했다.

의 작용 모델'로 파악해야 합니다.[52] 즉, 실제로 갇혀 있지 않더라도 어느 정도 그것과 유사한 경험을 한다면 이러한 감시는 내면화될 것이라는 말입니다. 이상에서는 실제로 독방에 있으면서 이웃과 접촉할 수 없는 상태에 대해 쓰여 있는데, 중요한 것은 그러한 '고립성'이 비록 자유의 몸일지라도 근대적인 정신의 존재 방식으로 성립되어 간다는 것입니다. 어디선가 볼 수도 있으니 제대로 해야 한다는 '개인'의 마음가짐이 성립하는 것입니다. 자신이 무언가를 할 때 스스로 자신을 지켜봅니다. 자신이 뭔가 나쁜 일을 하려는 것은 아닌지, 뭔가 저질러 버리는 것은 아닌지 행동을 선취하여 미리 자신을 억제하게 됩니다.

이렇게 해서 몸이 움직이는 것보다 앞에 멈춰 설 공간이 자신 안에 생겨납니다. 그래서 근대적 개인은 정말로 감시자가 있는지 없는지 모르면서 부정행위를, 주먹다짐을, 공동모의를 하지 않게 되는 것입니다. 자발적으로 '얌전해'지는 것입니다.

이것이 개인적인 마음의 발생이라고도 할 수 있습니다. 오늘날의 프라이버시, 이른바 개인적인 것은 그러한 자기 억제와 함께 성립한 것입니다.

반대로 말하면 그 전 시대에는 그런 식으로 자신의 행동을 미리 관리하는 힘이 더 약했을 거라고 추측되는 거죠. 즉, 사람들이 좀 더 행동적이었으며, 끔찍한 짓을 저지르면 그때마다 벌을 받았을 뿐이라는 면이 더 강하지 않았을까요?

52 같은 책, 일역본, 207頁.

그러나 기독교 사회에서는 자신의 속내를 어떻게 할 것인가 하는 문제가 옛날부터 있었기에, 그것과 근대에서의 규율 훈련의 성립은 연결되어 있습니다. 사실 푸코는 『성의 역사 IV: 육신의 고백』에서 거기까지 거슬러 올라가는 논의를 전개하고 있습니다만, 여기서는 간단하게 언급하는 것으로 그칩니다. 어쨌든 근대에 명확하게 그러한 자기 억제의 마음이 성립되는데, 그 전에는 사람들이 더 행동적이었던 것이 아닌가 하는 정도로 파악해도 좋다고 생각합니다.

생명정치: 즉물적 관리 · 통제의 강화

개인에게 작용하는 권력의 기술이 규율 훈련인데, 다른 한편으로는 18세기를 통해 더 대규모로 사람들을 집단, 인구로 취급하는 통치가 성립됩니다. 이쪽 측면을 푸코는 '생명정치biopolitics'라고 부릅니다. 생명정치에 대해서는 『성의 역사 I』에 설명되어 있습니다. **생명정치는 내면의 문제가 아니라 좀 더 즉물적인 수준에서 기능합니다. 예를 들어 질병의 발생률을 어떻게 억제할 것인가, 출산율을 어떻게 할 것인가, 인구밀도를 생각해서 도시를 어떻게 설계할 것인가, 그런 수준에서 사람들에게 작용하는 통치 방식입니다.**

신종 코로나 문제를 예로 들면, "감염 확산을 억제하기 위해 돌아다니는 것을 삼갑시다"라는 마음가짐에 호소하는 것이 규율 훈련이고, "그렇게 말해도 돌아다니는 놈은 있으니 어쨌든 물리적으로 병이 확산되지 않도록 하기 위해 백신접종을 가능한 한 일률적으로 하자"라는 것이 생명정치입니다.

세상에는 백신 반대파도 있고, 그것을 비판하는 사람도 있는데, 그러나 반대파에게도 일리가 있습니다. 무슨 말일까요? 백신 정책은 생명정치이며, 사람들이 자신의 인생에 어떻게 의미를 부여하는지와 관계없이 일방적으로 오직 생물로만 취급해 죽지 않도록 하겠다는 권력 행사입니다. 여기서 '죽지 않도록 한다'는 것은 일을 시켜 세금을 걷어서 국가라는 거대한 괴물을 연명시켜 나가기 위한 톱니바퀴로 만들겠다는 의미이기 때문에, 그러한 통치에 휘말리고 싶지 않다=자유롭고 싶다는 저항의 마음이 — 무의식적으로 — 거기에는 있는 것입니다. 다른 한편, "자숙 따위는 몰라, 마시러 간다"라는 것은 규율 훈련에 대한 저항이게 됩니다.

그러니까 **근현대 사회는 규율 훈련과 생명정치라는 두 바퀴로 움직이고 있다**고 생각해 주세요. 게다가 오늘날에는 마음의 문제, 혹은 의식을 갖는 방식에 호소해도 어쩔 수 없기 때문에, 단지 이제 곧 즉물적으로 관리·통제할 수밖에 없다는 경향이 더 강해지고 있다고 생각합니다. 즉, 생명정치 부분이 강해지고 있는 것입니다.

가령 담배 문제만 하더라도 "담배는 건강에 해롭다"라고 하는데도 피우는 사람이 있으면 이제 단순히 피울 수 있는 장소를 줄여 버리면 된다는 얘기가 됩니다. 이것은 즉물적인 작용이기 때문에 생명정치라고 할 수 있습니다. 혹은 마음의 문제에 관해서도 옛날 같으면 이야기를 더 듣는 것이 중시되었지만, 그러면 시간도 걸리니까 약으로 해결하면 된다는 말이 됩니다. "마음에서 뇌로"라는 최근 정신의학의 전환도 크게 말하면 생명정치의 강화로 볼 수 있습니다.

이것이 대략 푸코 권력론의 세 단계입니다. 그러면 여러분, '으라차차, 한번 해 보자'라고 생각하는 마음가짐이나 사회정책이, 얼마나 주류파의 가치관을 보호하기 위한 "긴 것에 감겨라(권력에 반항하지 말고 따라가라)"가 되어 있는지를 깨달을 수밖에 없지 않을까요? 그렇게 씁쓸한 생각을 하게 만드는 것이 푸코의 작업인 셈입니다.

그런 상황에서 인생의 자유란 무엇인가 하는 것은 매우 어려운 문제입니다. 지금 설명한 것 같은 통치 기술을 모두 없애 버리는 것이 자유로운 것일까요? 잡다한 사람들이 함께 살아가는 이상, 관계의 조정은 필요하고 그냥 내버려 둘 수는 없습니다. 단지 거기서 뭔가 조정이 시작되면, 그것이 금세 규율 훈련이나 생명정치로 변모해 가는 것입니다. 아마 어떤 권력관계도 없는 유토피아는 무리일 것입니다.

인간의 다양성을 헤엄치게 두다

이처럼 이번 장에서는 '사회의 탈구축'이라고 함으로써, 나쁜 지배자가 있기 때문에 싸운다는 영웅적 도식으로 파악하는 것은 너무 단순하다는 것, 자신들이 자신도 모르게 통치를 뒷받침하는 위치에 놓여 있다는 것, 이를 자각하는 것이 중요하다는 점을 이해했을 것입니다.

푸코는 전례 없는 깊이에서 인간의 다양성을 논한 것입니다.

우리는 이항대립으로 "이것은 정상" "이것은 비정상"이라고 배정하거나 혹은 여러 가지로 분류해서 질서를 잡으려고 합니다. 그러나 **확실히 그것이 무엇인지를 모를 것 같은 "좀 특이하다"라거나 "뭔가 개성적이다"라는 모습을, 단지 그것만으로 헤엄치게 하는 윤리**가 있는 것입니다.

사람은 사물을 관리하면 개운해하고 안심을 합니다. 하지만 책상을 너무 치우지 않는 것이 좋다는 아티스트의 말을 「시작하며」에서 언급했습니다. 책상이 어느 정도 적당하게 어질러진 편이 창의적일 수 있다는 것이었습니다. 비슷한 말을 사회에 대해서도 할 수 있지 않을까요? 정리를 하면 개운해집니다. 그럼 이른바 '사회의 정리'를 해도 되는 것일까요? 여기서 윤리가 문제 되는 것입니다.

인간은 다른 동물과는 달리 과잉을 가지고 있습니다. 본능적인 행동을 초과한 행동의 유연성을 가집니다. 그렇기 때문에 일탈이 생기는 것입니다만, 그것을 가능한 한 일정한 방향으로 질서정연하게 하여 행동의 패턴을 줄임으로써 안심·안전한 사회를 실현한다는 것은, 말하자면 인간이 의사疑似적으로 동물로 돌아간다는 것과 다름없습니다. 오늘날 사회의 청정화는 인간의 재동물화라는 측면을 가지고 있는 것입니다.

푸코는 인간이 그 과잉 때문에 가질 수 있는 다양성을 너무 정리하지 말고, 즉 너무 똑바로 하려고 하지 않고 헤엄치게 두는 사회의 여유를 말합니다. 들뢰즈가 말하는 '도주선'이라는 것을 구체적으로 사회의 존재 방식으로서 제시하고 있는 것입니다.

'새로운 고대인'이 되기

여기서부터는 약간 상급 편 얘기를 해 볼게요.

푸코의 대담한 점은 우리가 지금 당연하다고 생각하는 '개인'이라는 존재 방식이 역사 속에서 만들어진 결과이며, 애초에 "개인이 개인이라는 것은 어떤 것인가" 자체가 역사 속에서 달라졌다고 생각한 점입니다.

이런 말을 들어도 감이 안 올 수도 있어요. 꽤 어려운 이야기가 됩니다.

조금 전의 이야기를 되돌아보면서 말하면, 근대 전에는 경우에 따라 별로라든지 OK라고 한 행동이 그때마다 단속되었는데, 근대에는 '광기'나 '비정상'이나 '도착'으로 정리되고, 혹은 예를 들면 '동성애자'라는 정체성이 만들어지고, 그것이 개인의 특질로 간주되었습니다. 그리고 개인이 자기 자신을 항상 감시하여 나쁜 짓을 하지 않도록 하는, 내가 비정상적인 것으로 되지 않도록 하는 마음가짐으로 자기 통치를 해 나가게 됩니다. 그런 것으로서 근대적 개인은 성립한 것입니다. 즉, 자신이 비정상적인 '자'가 아닌가 하는 정체성의 불안감을 갖게 된 것입니다.

그 전에는 좀 더 행동적인 세계가 있었고, 자신의 정체성의 문제라는 것이 충분히 성립되지 않았다고 생각하면 좋겠습니다.

근대에 처음으로 좋은 정체성과 나쁜 정체성이 성립되었습니다. …… 그리고 이것은 이해가 좀 어려운 부분이라고 생각하는데, **정체성이라는 것이 성립하는 그때 좋은 정체성과 나쁜 정체성이라는 이항대립이 동시에 성립된 것**입니다. 그 전의 인간의 인생은 좀 더 제각각이었습니다. 다만 근본에는 기독교적인, 나는 죄를 짓고 마는 것 아닌가 하는 반성성이 있고, 그것이 나중에 근대에서 본격적으로 통치에 이용된 셈입니다.

푸코에 따르면 성적 정체성, 예를 들어 '동성애자'라는 정체성이라든가, 자신을 어떤 성적 욕망을 가진 인격으로서 파악하는가 하는 것도 이 근대화의 과정에서 성립되었습니다. 그래서 그 전에는, 과장해서 말하면 동성애'자'는 없었습니다. 동성애 행동은 있었지만, 그것은 아직 정체성이 아니었습니다. 그리고 성의 일탈을 배제하는 움직임에 의해 동성애자라는 정체성이 성립되었다면, 오늘날 LGBTQ(성소수자) 지지 운동은 그렇게 단순한 것이 아님을 알게 될 것입니다. 즉, 원래 배제에 의해 성립된 정체성이기 때문에, 그것을 단순하게 옹호할 수 없을 것입니다. 오히려 그 전의, 좋은 정체성도 나쁜 정체성도 성립되지 않았던 시대의, 다양한 동성애 행동을 다시 긍정한다는 것이 어떤 형태로든 수반되어야 할 것입니다. 그러한 근대 비판이 수반되지 않으면, 단지 근대라는 구조를 비비 꼬고 있는 것일 뿐일지도 모릅니다.

후기 푸코는 고대 그리스·로마로 향했습니다.

『성의 역사』의 1권은 근대론인데, 그 후 계획이 바뀌어 2권·3권에서 고대 이야기를 하는, 언뜻 보기에 알기 어려운 전개를 취합니다. 이것은 '항상 계속 반성해야 하는 주체'보다 이전 단계로 돌아간다는 것입니다.

꽤 거칠게 말하지만 고대인도 "그건 나쁜 짓이었다"라거나 "그건 너무했다"라고 반성은 합니다. 물론 성에 관해서도, 불륜도 문제시되었고 동성과의 관계에 대한 문제시도 있었지만, 그것은 뭔가 무한히 계속되는 죄 같은 것이 아니라 그때마다 주의하는 것이었습니다. **고대의 세계는 좀 더 유한했습니다. 자기와의 끝없는 투쟁을 하기보다는 그때마다 주의를 기울이고 적절히 자신의 인생을 관리·통제했습니다. 이것을 고대에서는 '자기에의 배려'라고 불렀습니다.**

최근에야 출판된 『성의 역사 Ⅳ』로 푸코가 생각하고 있던 것을 드디어 알게 되었는데, 그 후 그것에 결정적인 전환을 가져온 것은 기독교였고, 특히 아우구스티누스였다고 합니다. 푸코가 말하기를, 아우구스티누스는 성경의 원죄에 대한 해석을 일종의 마음의 문제로 다시 파악하고 인간은 하지 말아야 할 것을 하게 될지도 모른다는 어둠을 안고 있기 때문에 항상 스스로 자신에게 주의를 기울여야 한다는 마음의 체제를 세운 사람입니다.

여기서 중요한 것은 그 전의 고대에는 해서는 안 되는 것이 개별적이고 구체적인 것이었지 '해서는 안 되는 것'으로 크게 묶이지 않았다는 것입니다. 케바케였거든요.

그런데 그 후 기독교 세계에서는 '해서는 안 되는 것'을 크게 묶는 죄 개념이 생겨납니다. 사람들은 항상 죄책감을 마음에 품게 되었습니다. 즉, 여러 가지 별개의 행동들이 하나로 뭉쳐져 거기에 어둠의 부분이 있다는 것입니다. 이렇게 해서 원초적 의미에서의 '개인'

이 성립하며, 그 개인은 어둠을 껴안게 된 것입니다. 이후 인간은 개인화되고 심리화되었습니다. 그리고 그것이 오랜 시간을 거쳐 근대의 규율 훈련적 주체로 발전해 간다는 것이 푸코의 역사관입니다.

다만, 항상 동시에, 인간에게는 그저 개별적이고 구체적으로 행동적인 면이 있고, 아무래도 푸코는 거기에 흥미를 기울이는 것 같습니다. 그것이 좋다고 말한다고까지는 할 수 없지만, 어쨌든 흥미를 기울이는 것은 확실합니다. 이 지점이 푸코를 해석할 때 어려운 부분입니다.

더 응용적인 것을 말하자면, 개인의 마음을 관리·통제하는 것으로는 사람을 잘 통치할 수 없기에 즉물적으로 관리하면 될 것이라는 세상의 큰 움직임과 고대의, 애초에 마음의 문제로서 자신을 파악하지 않았다는 것은 좀 비슷하다고 하면 비슷합니다. 어떻게 보면 고대의 '자기에의 배려'도 즉물적이라고 할 수 있기 때문입니다. 그러나 무엇이 다른가 하면, 바로 즉물적으로 사람들을 무리로서 지배하는 것이 근대 이후의 생명정치인데 반해, 푸코가 아무래도 긍정적으로 파악하고 있는 것 같은 고대의 '자기에의 배려'는 어디까지나 자기본위로 죄책성罪責性에는 이르지 않는 자기 관리를 한다는 것입니다.

지금부터는 제 나름의 푸코 독해입니다만, 현대사회에서 대규모의 생명정치와 여전히 계속되는 심리적 규율 훈련이 모두 작용하고 있다면, 모종의 '새로운 고대인'이 되는 방식으로서 내면에 너무 집착하지 않고 자기 자신에게 물질적으로material 관여하면서, 그러나 그것을 대규모의 생명정치에 대한 저항으로서 그렇게 하는 방식이 있을 수 있다고 생각합니다.

그것은 새롭게 세속적으로 사는 것이며, 일상생활의 극히 즉물적인, 그러나 과잉이 아닌 개인적 질서 수립을 즐기고 그것을 본위로 삼고 세간의 규범에서 가끔 벗어난다고 해도, "그것이 내 인생이니까"라며 개의치 않는 그런 세속적 자유라고 생각합니다. 후기 푸코가 보던 독특한 고대적인 존재 방식을 그렇게 포스트모던 상황에 대한 도주선으로 다시 볼 수도 있지 않을까요?

그러니까 요컨대, 이상하게 너무 깊이 반성하지 말고, 그래도 건강을 챙기려면 챙기고, 그다음에 "따로 마시러 가고 싶으면 가면 되잖아" 같은 것이 가장 푸코적이라는 이야기입니다. 이런 세속성이야말로 푸코의 '고대적'인 존재 방식인 것입니다.

❖ 여기까지의 정리

처음 세 장이 끝났습니다. 이것으로 데리다, 들뢰즈, 푸코의 포인트는 잡은 것입니다. 혹시 시간이 없으면 여기서 일단 닫아도 됩니다. 다시 마음이 내킬 때 이어서 읽어 주세요.

정리하겠습니다.

① 이 책에서는 데리다의 개념인 '탈구축'을 열쇠로 현대사상의 큰 이미지를 보여 주었습니다. 먼저 전제로서, 사고의 논리는 '이항대립'으로 조립되어 있다는 것입니다. 진지한 것/놀이, 어른/어린

이, 질서/일탈, 건강/비건강 등이 이항대립인데, 어느 한쪽을 플러스, 다른 쪽을 마이너스로 하는 가치관이 있으며, 보통 플러스 쪽을 지지하도록 무언가가 주장됩니다. 그때 **이항대립의 오히려 마이너스 쪽, 열위 쪽을 편들 수 있는 논리를 생각하고, 주장되고 있는 가치관에 대항합니다. 그리고 대립의 양쪽이 서로 의존하는 이른바 '중지·유예'의 상태로 끌고 갑니다. 그런 논법이 '이항대립의 탈구축'입니다.** 데리다는 그것을 원리적으로 생각한 철학자로, 데리다가 한 것은 '개념의 탈구축'이라는 것이 이 책의 정리였습니다.

그런 셈이어서 데리다를 논한 1장은 원리 편입니다. 탈구축이라는 것은 사고술이고 논법이라고 생각하면 됩니다. 말로 생각하고 논의할 때의 기예입니다.

② 들뢰즈는 '존재의 탈구축'을 행한 철학자입니다. 들뢰즈가 제시하는 것은 큰 세계관, 혹은 더 크게 말해 '존재관' 같은 것입니다. 통상적인 인식에서는 A와 B가 별개로, 구별되어 존재한다고 파악합니다. B란 A가 아닌 것 = 비非A이므로, 구별되어 존재하는 것은 대립 관계에 있다고 말할 수 있습니다. 그러나 들뢰즈의 시각에서 사물은 사실 다방향으로 초超복잡하게 서로 연관돼 있습니다. 그 관계성이 '리좀'이라고 불리는 것이었습니다. 즉, A vs 비A라는 이항대립을 넘어 = 탈구축하여 서로 관계를 맺는다는 것으로, 그런 의미에서 리좀적으로 사물을 보는 것을 '존재의 탈구축'이라고 할 수 있습니다.

그러면 모든 것은 관계하고 있다 = 세계와 무관하지 않다는 것이 될 것 같습니다만, 거기서 재차 무관계가 문제가 됩니다. A는 B가 아니라는 대략적인 무관계가 아니라, 리좀 안에서 다수의, 다방향의 무관계가 있다는 것입니다. 모든 것이 다방향으로 접속되고 절단되어 있는 것입니다. 이 견해에 따라 A는 A다, B는 B다,라는 경직된 시각에서 벗어날 수 있습니다. A는 B가 아니다,라는 구별을 넘어, **A가 B가 '된다'— A가 B를 '닮는다'고 말해도 되겠죠 — 같은, 구별을 횡단하는 새로운 관계성을 발견하는 동시에, A와 B가 동일해지지 않는, 구별을 횡단하는 새로운 무관계 또한 발견한다는 것이 창의적인 의식**인 것입니다.

③ 푸코의 경우는 '사회의 탈구축'이라고 할 수 있습니다. 들뢰즈적 세계관, 존재관을 사회적 관계에 적용해 봅시다. 권력이 푸코의 주제였습니다. 보통 권력이라는 말은 강자가 일방적으로 약자를 억누르고 지배한다는 이미지입니다. 그런데 **푸코는 "권력은 아래에서 온다"라며 약자가 오히려 지배받는 것을 무의식적으로 바라는 메커니즘을 분석하고 사실상 권력의 시작점은 명확하지 않고 그야말로 들뢰즈적 의미에서 다방향의 관계성(과 무관계성)으로서 권력이 전개되고 있다는 시각을 보여 주었습니다.** 이 사고방식에 의해 사회문제를 형성하고 있는 배경의 복잡성을 보다 높은 해상도로 볼 수 있게 됩니다.

권력은 일탈한 존재를 배제하거나 메이저리티에 '적응'시킴으로써 사회를 안정시킵니다. 근대라는 시대는 그러한 권력의 작동을 깨닫기 어렵게 하는 구조를 발달시켰습니다. 이 역사적 관점이 지금의 관리·통제 사회를 비판하기 위해서 필요한 것입니다. 일탈을 세세하게 단속하는 것에 저항하고 인간의 잡다한 모습을 느슨하게

'헤엄치게 두는' 윤리, 푸코는 그것을 시사한다고 할 수 있습니다.

우선, 이항대립의 탈구축이라고 하는 데리다의 논법에 익숙해집시다.

그것을 모든 존재로 확대해 "컵은 컵, 고양이는 고양이, 저 사람은 저 사람, 나는 나"라는 구별을 넘어서, 사물은 역동적dynamic으로 횡단적인 연결을 전개하고 있다는 들뢰즈적인 비전으로 향합니다. 하지만 동시에 도처에 무관계도 있으며, 모든 것이 연결되어 헷갈려서 '엉망'이 되어 버리는 것은 아닙니다. 소다수처럼 거품이 나는 세계라는 이미지. 이것이 존재의 탈구축입니다.

이로부터 사회문제의 구체성으로 논의를 옮겨 갑니다. "저것은 제대로 된 삶의 방식이 아니다, 일탈이다"라며 배제하는 권력관계를 먼저 인식합니다. 그리고 그것은 단순히 강제되고 있는 것이 아니라, 사람들이 스스로의 불안으로부터 무의식적으로 만들어 낸 체제라고 인식합니다. 그로부터 벗어나려는 관리·통제 사회 비판이 사회의 탈구축입니다. 이항대립의 어느 한쪽으로 갈라치지 않고 잡다한 삶의 방식을 '헤엄치게 두는' 애매함에 타자성을 존중하는 윤리가 있습니다.

4

현대사상의 원류

: 니체, 프로이트, 마르크스

Jacques Derrida
Gilles Deleuze
Michel Foucault
Friedrich Nietzsche
Sigmund Freud
Karl Marx
Jacques Lacan
Pierre Legendre
Emmanuel Levinas
Catherine Malabou
Quentin Meillassoux
Graham Harman
François Laruelle

질서의 외부, 비이성적인 것으로

이번 장에서는 현대사상의 선구자로 19세기의 세 사상가를 거론하고자 합니다. 니체Friedrich Nietzsche(1844~1900), 프로이트Sigmund Freud(1856~1939), 마르크스Karl Marx(1818~1883)입니다.

이 세 사람이 어떤 의미에서 전제로서 중요하냐면 모두 질서의 외부, 혹은 비이성적인 것을 다룬 인물이라고 할 수 있기 때문입니다. 마르크스에 대해 그렇게 말하면 지식이 있는 사람은 이상하게 생각할지 모르지만, 그것은 나중에 보태어 말하겠습니다.

「시작하며」에서 말한 것인데, 현대사상은 권위적 질서를 비판하고 외부로 도망쳐 일탈하는 것을 창의적이라고 여기는 큰 경향이 있습니다. 그러한 반질서적 성격에 대해서는 사람에 따라서는 가당치도 않다고 생각할지도 모릅니다. 하지만 일탈이 적어도 놀이적인 것이라면 누구나 경험할 것이고, 사회에는 그럴 여지가 필요하다는 것을 많은 사람이 인정할 것이라고 생각합니다. 모든 것이 딱딱하게 질서화되고 통제되어야 한다고 진심으로 생각하는 사람은 적을 것입니다.

질서의 밖으로 — 이 방향성은 1968년이라는 특별한 해와 연결되어 있습니다. 1968년 5월에는 학생들이 파리대학을 점거하고 노동자들의 파업과 연대하여 기존 사회를 비판하며 더 대등한 관계성을 요구하는 이의 제기가 이루어졌습니다. 세계 동시적으로 일어난 좌익 학생운동과 현대사상은 시대의 분위기를 공유하고 있습니다(하기야 뒤에서 소개할 르장드르는 1968년 5월을 유치하다고 비판하는 보수파입니다만). 그러한 정치활동과 함께 전위예술이나 대항문화counterculture가 고조된 것이 1960~1970년대로, 현대사상도 그런 시대에 태어나고 자란 것입니다.

거기서 더 거슬러 올라가 19세기입니다. 질서에서 벗어나는 것에 주목하는 새로운 지식의 형태가 제기된 것이 19세기거든요. 그 전만 해도 지식의 과제는 기본적으로 세계를 어떻게 이성적 질서에 제대로 포착하느냐였습니다. 그러나 19세기에는 오히려 **비이성적인 것 쪽에 진정한 문제가 있다는 방향 전환**이 이루어집니다. 그 대표자가 니체이고 프로이트이며, 그리고 어떻게 보면 마르크스입니다.

매우 조잡하게 말하면 **"위험한 것이야말로 창의적이다"라는 20세기적 감각, 이를 시대를 거슬러 올라가 보면 이 세 사람에게서 찾을 수 있다**는 거죠.

인터넷 보급 후, 세상의 상호 감시가 강해지고 청정화가 진행되는 가운데, 위험의 창의성에 대한 경계심이 높아져, 세상에는 더 안심할 수 있고 더 안전한 질서를 요구하는 경향이 강해지고 있다고 「시작하며」에서 말했습니다. 앞으로 20세기적 자유의 감각은 역사적으로 공부하지 않으면 알 수 없게 될지도 모릅니다.

니체 : 디오니소스와 아폴론의 맞버팀

철학이란 오랫동안 세계에서 질서를 찾고자 하는 것이었습니다. 세상에서 혼란을 발견하고 기뻐하는 철학은 있다고 해도 이단입니다. 그런 의미에서 혼란, 즉 비이성을 축복하는 몸짓을 철학사에서 가장 먼저 분명히 내놓은 것은 역시 니체라고 생각합니다.

『비극의 탄생』(1872)이라는 저작에서 니체는 질서의 측면과 그 외부, 즉 위험한 것, 카오스적인 것의 이중구속[53]을 제시했다고 할 수 있습니다. 고대 그리스에서 질서를 지향하는 것은 '아폴론적인 것'이고, 다른 한편 혼란=위험한 것은 '디오니소스적인 것'이라는 이원론입니다.

그리스에는 술의 신 디오니소스를 받드는 광란의 축제가 있었는데, 그것이 억압되고 더 조화로운 형태로 수렴되었습니다. 아폴론적인 것이란 형식 혹은 거푸집이며, 그 속에 엄청난 에너지가 밀어

---

53 아래에 설명되어 있으나 그레고리 베이트슨Gregory Bateson의 개념적 정의에 따르면, 이중구속이란 두 가지 모순된 메시지를 내놓음으로써 의사소통 같은 관계 맺음에서 상대를 혼란스럽게 하는 방식을 가리킨다. 하나의 메시지와 다른 하나의 메시지에 모순이 일어나 둘 중 어느 쪽을 따르더라도 상대를 만족시킬 수 없는 상태를 만든다.

넣어져, 거푸집과 흘러넘치려고 하는 에너지가 서로 맞버티는〔팽팽하게 맞서는〕 상태가 됩니다. 그런 맞버팀의 상태가 그리스의 비극이라는 예술이라는 것입니다.

이렇게 날뛰려는 에너지와 이를 억누르는 질서 사이의 싸움에서 극적인 것을 본다는 것인데, 다시 말하면 선과 악, 빛과 어둠의 대립이 있는 곳에서 둘 중 하나를 취하는 것이 아니라 바로 그 서로 맞버티는 상태에서 진정한 드라마를 본다는 것인데, 이는 오늘날 콘텐츠에는 흔히 있는 것으로, 모두 그런 드라마성을 당연하게 여긴다고 생각합니다만, 그것을 확실하게 형식화한 것은 니체입니다.

우선 디오니소스적 에너지가 중요하며, 그러나 그것만으로는 일이 성립되지 않으며, 아폴론적 형식과의 맞버팀에서 무언가가 성립합니다. 저의 들뢰즈론인 『너무 움직이지 마라』라는 책 제목도 움직인다는 것이 에너지의 유동성을 나타낸다면 거기에 어떤 억제가 가해짐으로써 무슨 일이 이루어진다는 뜻이며, 그런 의미에서는 니체적인 이중구속이 저의 작업에도, 혹은 들뢰즈에게도 계승되고 있다는 뜻입니다.

여기서 중요한 것은 "질서 혹은 동일성은 필요 없다, 모든 것이 혼란 상태가 되면 좋다"라고 말하는 것이 아니라는 점입니다. 종종 현대사상은 그런 무법 상태outlaw를 지향하는 것처럼 착각할 수 있지만 그렇지 않습니다. **확실히 혼란이야말로 생성의 원천이지만, 그것과 질서＝형식성 사이의 힘의 균형power balance이야말로 문제입니다.** 그래서 여기서도 이항대립 중 어느 하나를 취하는 것이 아니라 항상 회색 지대가 문제라고 여기는 탈구축적 발상이 작용하고 있는 것입니다.

니체는 고전 문헌학자로서 24세의 젊은 나이에 바젤대 교수에 취임한 후, 『비극의 탄생』으로 학자들의 비위를 거스르게 됩니다. 니체는 건실한 연구자로 사는 것으로는 만족할 수 없었습니다. 『비극의 탄생』은 원래대로라면 공들여 역사 연구를 해야 할 터인데, 대략적인 도식을 내놓고 게다가 그리스 비극을 당시 니체가 푹 빠져 있던 바그너의 음악에 접목시켜 바그너의 혁신성을 노래한 것으로, 연구라기보다는 오늘날식으로 말하면 '비평'적인 저작이었습니다. 당시의 문화 상황에 파문을 일으키고 싶다는 야심이 있었습니다. '이놈은 학자의 길을 벗어났다'고 다른 학자들은 생각했을 겁니다.

비평적인 작업이 대학=아카데미아의 학자에게서 이른바 '지나친(과도한)' 것으로 반발을 사는 일은 지금도 있으며, 비평의 세계 즉 논단과 대학에는 때로 대립이 생깁니다. 니체는 그런 대립을 겪은 개척자라고 할 수 있겠죠.

하부구조 쪽으로

아폴론과 디오니소스라는 대립은 동일성과 차이라는 대립에 대응합니다. 후자, 즉 탈질서적이고 혼란스러운 것들의 측면이 질서 아래에 박혀 있다는 '하부구조'의 이미지가 여기서는 중요합니다.

이 도식은 철학사적으로 거슬러 올라가면 **'형상'과 '질료'라는**

대립에 당도합니다. 이것은 고대 그리스에서 아리스토텔레스가 보여 준 대립인데요, 요컨대 형태[모양]와 소재지요. 형태는 질서를 부여하는 것이고 소재는 그것을 받아들이는 변화 가능한 것입니다.

이 형상과 질료의 구별이 아리스토텔레스에게서 먼저 이론화되었습니다. 더 거슬러 올라가면 '이상적인 형태', '진정한 질서'를 추구하는 것이 아리스토텔레스의 스승 플라톤의 철학이었는데, 거기에 아리스토텔레스에 의해 질료와의 이중구조가 도입된 셈입니다. 어디까지나 질료는 형상의 지배 아래에 있습니다.

그런데 계속 시대를 뛰어넘지만, 니체쯤 되면 질서 지어지는 질료 쪽이 뭔가 날뛰는 것처럼 되고 그 폭발하는 에너지에 가치가 놓이게 됩니다. 즉, **형상과 질료의 주도권이 역전되는** 것입니다.

플라톤에서 아리스토텔레스로의 여정도 말하자면 "천상의 질서에서 지상의 혼란으로"라는 전개인 셈이지만, 아리스토텔레스의 철학은 아직 전체적으로 질서 지향이었습니다. 이로부터 점점 지상의 혼란이 증대되는 방향으로 철학사는 진행되었다고 대략적으로 말할 수 있을 것입니다.

질료 즉 물질이나 신체 쪽이 요컨대 디오니소스적이고 위험한 것이며, 그것을 형상 즉 거푸집이 짓누르고 있습니다.

니체의 이러한 도식은 쇼펜하우어Arthur Schopenhauer(1788~1860)의 영향을 받았습니다. 쇼펜하우어는 『의지와 표상으로서의 세계』(1819)에서 세계가 질서 정연한 '표상'으로 보이는 한편, 세계란 사실상 오로지 매진해 나갈 뿐인 '맹목적 의지'이며 — 자연의 운동도 모두 '의지'라고 부르는 것이 특징적입니다 — 우리는 그것에 휘둘린다는 논의를 전개합니다. 그 어쩔 수 없는 힘에 대해 인간이 향해야 할 '열반涅槃', '무'의 사상이 이야기됩니다(쇼펜하우어는 유럽 최초로 본격적으로 불교사상을 염두에 둔 철학자였습니다).

쇼펜하우어의 사상은 처음에는 이해되지 않았지만 말년에 재평가가 일어나 바그너와 니체에게도 영향을 주었습니다. 이 보편적인 의지 개념, 게다가 "무엇인가를 하고 싶다"라는 목적적인 것이 아니라 단지 힘, 비합리적인 의지라는 것을 분명히 개념화한 것이 쇼펜하우어의 대단한 점이고, 니체의 디오니소스적인 것도, 혹은 프로이트의 무의식 개념도 그 영향 아래에 있는 것입니다.

하지만 쇼펜하우어는 일종의 비관주의pessimism의 사람이며 ─ 삶이 고단하다고 하는 비관주의, 하지만 그것을 통과해야 삶이 다시 긍정된다고 보는 역설이 쇼펜하우어의 매력입니다 ─ 반면 니체의 경우는 좀 더 밝은 방향에서, '맹목적인 의지'를 창의적인 것으로 파악하고, 힘이 계속 변형되어 무엇인가를 실현해 나가는 세계관이 되는 것입니다. 영문 모를 에너지에 추동되어 뭔가 대단한 것을 만든다는, 지금도 대중적인 인기를 누리는 예술가상이 쇼펜하우어에서 니체로 계승되면서 성립하게 됩니다.

프로이트 : 무의식

자, 이번에는 프로이트입니다.

프로이트는 정신분석의 발명자이지만, 정신분석과 철학의 관계는 실로 심오합니다. 정신분석은 '신경증(오늘날에는 '불안장애'나 '강박성 장애' 등으로 세분화된 것)' 치료를 위해 고안된 것으로, 지금도 세계 각지에서 실천되고 있으며 심리학과 정신의학의 전개에 지대한 영향을 미쳤지만, 더 크게 말하면 인류의 사고방식을 뿌리째 바꿔 버린 전대미문의 이론입니다.

오늘날 **자신이 확실히 의식하지 못하는, 잘 모르는 이유로 무엇인가를 했다**는 것을 '무의식적으로 했다'고 합니다만, 애초에 그런 사용법으로 무의식이라고 말하는 것 자체가 프로이트의 발명이기 때문에, 20세기 이후의 우리는 프로이트의 사고 영향에서 벗어날 수 없게 되었다고 할 수 있습니다. 인간은 자신의 모든 것을 관리·통제하지 못하고 뭔가를 '하게 된다'는, 말하자면 자신 안에 다른 자신이 있다고나 할까, 의식을 배신하는 '맹목적인 의지(쇼펜하우어)'에 의해 움직이는 면이 있는 것입니다.

즉시 니체에 연결하면, 즉 자신 안에는 관리·통제가 안 되는 디오니소스적인 것이 있다는 셈이 됩니다. 여기서 **디오니소스적인 것 =무의식**이라는 연결고리〔등호〕를 붙여 주세요.

그리고 유명한 것인데, 프로이트는 인간의 사고가 성적인 것이라고 생각했습니다. **무의식적으로는 무엇인가 성적인 에너지의 응어리가 있고, 그것이 외견상 성적으로 생각되지 않는 행동에 동기를 부여하고 있다**는 것입니다. 이것은 '범성욕론汎性欲論'이라고 불리며, 당시나 지금이나 반발이 있었고, 프로이트의 제자 중 일부는 그것을 포기하는 방향으로 향했습니다. 그러나 이하에서는 어디까지나 프로이트의 통찰을 바탕으로 설명하겠습니다.

정신분석이라는 말을 듣고 어떤 것인지 이미지가 떠오르는 사람은 적을 것입니다. '오이디푸스콤플렉스'라는 부친 살해의 테마가 유명한데, 최근에는 그것도 별로 얘기되지 않게 되었고, 젊은 세대에게는 익숙하지 않은 것 같습니다.

정신분석가는 의사가 아니라(동시에 정신과의사인 경우도 있지만), 의료제도와는 독립적으로 정신분석이라는 독자적인 실천으로서 행해지고 있습니다. 그것이 프랑스에서는 지금도 성행하고 있고, 사실 일본에도 정신분석가는 있습니다.

한마디로 정신분석적 사고방식에 관여한다는 것은 인간에게는 무의식이 있다는 인간관을 갖는다는 것입니다. 이 무의식이 무엇인지에 대해 자연과학적인 뇌 연구에서는 아직 결론이 나지 않았습니다. 그래서 부정도 긍정도 되지 않은 가설입니다.

무의식이란 자기 자신이 의식적으로 "이런 이유로 돈가스카레를 먹고 싶다"라든가, "이런 이유로 누군가를 사귀고 싶다"라고 생각하는 것의 배후에 있다고 여겨지는, 명확하게 그렇게 언어화해서 파악할 수 없는 깊은 논리logic의 차원을 가리키고 있습니다.

예를 들어 누군가를 괴롭히는 사람이 있다고 할 때, 싫어하기 때문에 괴롭힌다는 것이 표면적인 차원이지만 사실은 그 인물이 궁금하고 호의가 있기 때문에 괴롭힌다는 것이 하나의 해석일 수 있습니다. 이런 것들에는 동의하는 독자도 많을 거예요. 이런 사소한 예가 이미 정신분석적입니다. 즉, 사랑과 미움이 정반대의 관계에 있고, 사랑하기 때문에 미워한다든가, 또 반대로 사랑의 배후에 미움이 있다든가 그런 것이 무의식의 작용인 것입니다.

애초에 자신 안에 역설이 있다는 것을 인정하고 싶지 않다는 사람도 있다고 생각하고, 실제로 그것은 자신의 관리·통제를 의심하는 것이기 때문에 싫은 것입니다. 그런데 아주 중요하게도 정신분석이란 자기 스스로 그것을 맡아서 생각하는 것이 싫은 것이라는 점이 포인트입니다. 굉장히 불쾌한 사고방식이거든요.

그렇기 때문에 정신분석에는 많은 반발이 퍼부어집니다. 예를 들어 "그런 것은 과학적으로 증명되지 않았다"라는 것은 중립적인 반발로 들릴지 모르지만, 그중에는 애초에 정신분석적인 정반대의 심리를 자기 스스로 맡고 싶지 않다는 반발 — 이것을 정신분석의 용어로 '저항'이라고 합니다 — 이 포함되어 있는 면도 있습니다. 정신분석에 대한 비판을 백 퍼센트 저항이라고는 말하지 않지만. 저항의 부분도 어느 정도 있을 것이라고 생각합니다.

정신분석의 실천과 작용

정신분석의 실천이란 자신 안의 관리·통제에서 벗어나는 욕망의 존재 방식을 발견해 나가는 것입니다.

그러나 자신이 자신을 의식적으로 이렇다고 생각하는 듯한 자기 인식을 계속해서는 자신의 마음의 진정한 역동성dynamism에 도달할 수 없습니다. 그래서 사용되는 것이 '자유연상법'이라는 방법입니다.

정신분석가의 사무실에는 분석가가 앉는 의자가 있고, 그 앞에

카우치라는 긴 의자가 있고, 고객은 거기에 눕습니다. 그러면 고객의 머리 뒤에 분석가가 앉는 형태가 되며, 시선이 마주치지 않고 서로의 얼굴이 보이지 않게 되어 있습니다. 고객의 눈앞에는 아무것도 없지만, 마치 그곳에 스크린이 있는 것처럼 그곳을 향해 그저 생각나는 것을 조잘조잘 말하는 것입니다. 지금 나는 연애 관계의 트러블로 곤란하다든가, 나는 항상 바람을 반복해서 피운다든가, 최근 자신의 문제를 이야기하는 것부터 떠들어 대기 시작하면, 옛날 중학교 선생님이 말한 것 중에서 싫은 것이라든지, 여름방학 오후에 가족과 히야시추카[54]를 먹었던 장면이라든지, 그런 것들이 점점 생각납니다. 그런 것을 생각나는 대로 계속 말하는 거죠.

그러는 동안 분석가는 뭘 하는가 하면, 별거 안 합니다. 고개를 끄덕이면서 이야기를 듣다가, 아니면 침묵하기도 하고, 가끔 "지금 나온 이 부분은 저것과 연결이 되네요" 같은 해석을 하는 정도입니다.

그렇게 즉흥연주를 하면서 옛날 일을 떠올리다 보면 나는 지금 연애 관계에 있는 사람에게 모종의 두려움을 품고 있는 것 같다, 이런 것들이 자각되고, 사실 그 두려움이 중학교의 어떤 선생님에게 품었던 두려움과 뭔가 관련이 있다는 것을 깨닫곤 합니다. 그리고 전형적인 정신분석적으로는, 그 두려움이 부모와의 관계로 연결되어 가기도 하는 것입니다.

다만 지금의 연인과의 관계가 부모와의 관계로 이어진다는 것은 정말 말도 안 되는 이야기이고, 그런 것을 바로 '오이디푸스적'이라

---

54 히야시추카冷やし中華란 차게 식힌 중화면에 채소, 고기나 햄, 달걀지단 등을 얹어 초간장 육수를 부어 먹는 일본식 중화요리를 가리킨다.

고 하는 것인데, 그런 것을 인식한다고 해서 무엇이 달라지느냐 하는 이야기이기도 한 것입니다. 사실 좀 의식적으로 생각해 보면 그런 연결은 다소 연상력이 있는 사람이라면 할 수 있을지도 모릅니다.

정신분석의 진짜배기는 기억의 연결고리를 어떤 틀에 적용하는 것이 아니라 온갖 것을 고구마덩굴처럼 끌어내고 시간을 두고 말하는 과정을 거쳐 서서히 자신이 총체적으로 변해 간다는 것입니다. 어떻게 바뀔지는 모르겠어요. 다만 이것은 역시 일종의 치료이며, 뭐라고 말하기 어려운 형태로, 자신의 존재 방식이 더 '견실하게' 되어 가는 것이라고 말할 수 있다고 생각합니다. 정신분석은 시간을 절약해서 탁탁 넘어갈 수가 없어요. 정신분석 경험이란, 매우 심하게 시간을 들여 자신의 기억의 총체를 다시 씻어 가는 작업입니다.

무의식과 우연성

이것은 "스스로 관리·통제할 수 없는 것이 중요하다"라는 현대사상의 기본적인 발상으로 이어집니다. 즉, **내 안의 무의식적인 말과 이미지의 연쇄는 내 안의 '타자'이다,**라는 것이 됩니다.

이 '타자'란 타인이 아니라 '다른 것'이라는 넓은 의미로 받아들였으면 합니다만, 어쨌든 내 안에는 나 스스로 다루는 법을 잘 모르는 것 같은 '타자'가 많이 남아 있고, 그것에 의해 춤을 추게 되고 의지적인 행동을 하는 것입니다.

이런 의미에서 프로이트적 무의식 개념은 내 안에 타자가 있다는 것으로 바꾸어 말할 수 있고, 그리고 그것이 현대사상에서의 탈질서적 방향성과 연결됩니다.

그 위에서 무의식의 무엇이 포인트일까요? 이건 제 해석인데요, '우연성'이라는 키워드를 여기서 꺼내 보겠습니다.

정신분석에서 드러나는 것은 자신의 과거의 여러 요소가 뒤엉키면서 군데군데 단단한 매듭이 생겨났고, 그것이 지금의 행동에 경향을 부여하고 있다는 것입니다. 다만 그것은 "인간은 이런 경험을 하면 이런 사람이 된다"라고 일반 법칙처럼 말할 수 있는 것은 아닙니다. 정신분석은 그런 의미에서 개별적인 경험을 중요하게 생각합니다. 비슷한 교통사고를 당했다고 해도 그것이 큰 트라우마가 되는 사람도 있고 안 되는 사람도 있겠죠.

즉 무의식이란 과거의 여러 사건이 우연적으로 어떤 구조를 형성하는 것으로, 자신의 인생의 알 수 없음은 과거의 여러 연결의 우연성 때문입니다.

지금 내게는 이것이 중요하다든가, 이것이 무섭다든가 하는 것이 있고, 그것에 대해서 이야깃거리를 가지고 있다고 해서, "그것은 그때 저런 만남이 있었기 때문이다"라고 되돌아볼 때의 그 만남은 우연한 것일 뿐이며, 그리고 그것이 깊이 몸에 새겨져 버렸다는 것일 뿐이며, 그 '운명'에 의미는 없습니다. 우연입니다.

하지만 인간은 전혀 영문도 모르고 자신의 인생의 방향이 잡혀 있다고 생각하고 싶어 하지 않습니다. 우리는 의식의 표면에서 반드시 의미를 부여하고 이야기로 만듦으로써 살아가는 것인데, 그

이면에는 그 자체일 뿐인 사건들의 연쇄가 있습니다.

다만 그것에 직면하는 것이 통상적으로 무섭기 때문에 사람은 다양한 서사적 이유를 붙입니다. 그러나 정신분석의 식견에 따르면 바로 그런 서사적 이유 붙이기에 의해 증상이 고착화되는 것입니다. 오히려 무의식 속에서 요소끼리 어떤 관계를 맺고 있는지를 탈의미적으로 구조분석을 함으로써 비로소 증상이 풀리게 되는 것입니다.

서사적 의미 아래서 꿈틀거리는
율동적인 구조

여기서 니체로 연결한다면 디오니소스적인 것의 혼란도 끝까지 따져 보면 우연성이라고 할 수 있습니다.

질서란 일반적으로 우연성을 길들이는 것, 회유하는 것입니다. 우연을 필연화하는 것입니다. "이랬기 때문에 이렇다"라고 알고 있는 형태로 되어 있는 것이 겉表의 세계입니다. 그에 반해 영문도 모르고 요소가 그저 한없이 사방팔방으로 이어질 수 있는 세계가 아래에 잠재해 있습니다.

이항대립, 어느 한쪽이 우위이고 다른 한쪽이 열위인 이항대립에 의해 사태를 처리해 나가는 것이 겉表의 사고이지만, 그것은 바꾸어 말하면, 세계의 이야기화(서사화)입니다. 선과 악을 나누고, 유용과 낭비를 나누고, 청결과 불결을 나누고, 사랑과 미움을 나누고, 그곳에서의 선택의 망설임과 희망과 후회를 이것저것 말하는 것이

'이야기(서사)'이며, 전형적인 근대적 소설의 구조입니다.

그러나 현대사상은 그러한 이야기(서사)의 수준에 머물러서는 보이지 않는 리얼리티가 세계에는 있다는 것을 알려 줍니다. 무의미한 연결, 혹은 무의미라는 말이 강하다면 이야기(서사)적 의미와는 다른 유형의 의미라고 할 수 있습니다. 이것을 좀처럼 생각하기 어려울지도 모릅니다만.

가령 세잔의 그림을 예로 들어 봅시다(세잔도 니체 등과 동시대 사람입니다). 세잔은 생트빅투아르Sainte-Victoire라는 산을 여러 번 그렸습니다. 다만 분명히 산을 그리고 있는데도, 그 그림에는 구상과 추상 사이 같은 부분이 있어서 산을 리얼하게 그린다기보다는 다양한 색깔의 터치, 배치, 리듬 쪽에 주안점이 있다고 할 수 있습니다. 이때 "산 그림이군" "여름 산이군"이라는 이해가 이야기(서사)적 의미에 상당합니다. 그런데 그 똑같은 그림을, "여기에 연두색의 사각 같은 터치가 있고, 거기에 대해서 절묘한 각도로 옆에 더 푸른 터치가 있고, 그리고 그 옆에……"라는 식으로, 산이라는 의미의 바로 앞에서 전개되고 있는 요소의 관계성으로 의식을 향하고, 그것을 즐기고, 산 그림이라기보다는, 그것들의 터치의 모음에 의한 "그런 그림"이구나 하며 감상하는 시선도 있을 수 있습니다. 회화 감상의 이른바 상급 편이란 그런 것입니다.

이것을 자기 자신의 기억이나 세계의 모습에 적용하는 것이 이항대립에서 벗어나 현대사상적으로 사물을 보는 것이라고도 할 수 있습니다. 이야기(서사)적 의미가 아닌 의미를 세계에서, 자기 자신에게서 보는 것입니다. 그것이 '구조'를 보는 것이고, 게다가 그 구조는 동적이고 율동적인rhythmical 것입니다. 구조란 여러 우연적인 사건들의 모음입니다.

요약하자면 **디오니소스적인 것이란 억압된 무의식이며, 그것은 이야기〔서사〕적 의미 아래 꿈틀거리는 율동적인 사건들의 무리**라는 것입니다. 그게 하부구조인 거죠.

근대적 유한성

여기서 다소 탈선적이지만 쇼펜하우어에서 칸트Immanuel Kant로 거슬러 올라가 보겠습니다.

먼저 칸트에 관한 매우 간략한 입문입니다. 시대는 18세기 말, 칸트는『순수 이성 비판』(제1판, 1781/제2판, 1787)에서 철학이란 '세계가 무엇인가'를 해명하는 것이 아니라 '인간이 세계를 어떻게 경험하고 있는가' '인간에게는 세계가 어떻게 보이는가'를 해명하는 것이라고 근대철학의 방향을 정했습니다. 철학자를 포함하여 우리는 인간이고, 인간이 분석할 수 있는 것은 인간이 인식하고 있는 것뿐이기 때문입니다.

인간에게 인식되고 있는 것을 '현상'이라고 합니다. 현상을 넘어선, '세계가 그 자체로서 어떤 것인가'는 알 수 없습니다. 이처럼 그 자체로서의 존재를 칸트는 '물자체'라고 불렀습니다. **인간에게는 필터 같은 것이 갖추어져 있고, 그것을 통과한 것밖에는 보이지 않습니다. 필터를 빼고서는 세계가 어떻게 되고 있는지 알 수**

없습니다. 말이 좀 어렵지만 이 필터를 칸트는 '초월론적인 것'이라고 불렀어요.[55] 다른 비유를 하자면 초월론적인 것이란 사고의 OS(Windows나 Mac OS 등) 같은 것입니다.

인간은 먼저 여러 자극을 '감성'으로 받아들여 지각하고 그것을 '오성'=개념을 사용해 의미를 부여합니다.[56] 이 감성+오성에 의해 성립되는 현상의 인식으로는 물자체를 파악하지 못합니다. 그러나 그래도 물자체를 지향하려는 것이 '이성'입니다(그러나 물자체에는 도달할 수 없기 때문에 이성에 관한 어려운 문제가 생기는 것인데, 그것은 생략합니다). 감성, 오성, 이성이라는 세 가지가 얽히는 것이 칸트의 OS(운영체제)입니다.

인간에게 생각할 수 있는 것은 '생각하고 있는 것'뿐이라고 한다면, 세계는 정말로 어떻게 되어 있을까요? 지금 보이고 있는 것은 '자신에게 보이고 있는 것'이니까, 모든 것은 환상이고, 나 혼자밖에 존재하지 않는 것이 아닌가?라고 하는 자못 철학인 양하는 물음을 들어 본 사람도 있을 것입니다. 이것이 '바로 그the' 근대입니다.

근대가 본격화하는 전환점이 18세기 말입니다. 그 전에는 세상

---

55 여기서 '초월론적인 것'이란 독일어 transzendental을 가리키며, 이와 구별해 '초월적'은 transzendent를 가리킨다. '초월론적인 것'은 '선험적인 것'으로도 번역된다. 경험과는 무관하게 주어져 있는 것이라는 의미에서이다. 즉 경험 전에 주어진 것도, 경험 이후에 주어진 것도 아니고 경험과 '무관하게' 주어져 있다는 의미이다.

56 여기서 '오성悟性'은 독일어 verstand(프랑스어로는 entendement, 영어로는 understanding)의 번역어인데, 칸트에게 이 단어는 "감성에 주어진 것에 의지하여 대상을 구성하는 개념작용 능력"이라는 의미, 더 쉽게 말해서 감성이나 이성과 구별되는 지적 능력이라는 의미이며, 따라서 한국에서는 불교적 의미가 강한 '오성' 대신 '지성'으로 번역되고 있다. 그러나 이 책에서는 그대로 '오성'으로 표기한다.

의 사물이 어떤지를 직접 이야기할 수 있는 공간이 있었습니다. 이 대비를 푸코의『말과 사물』이라는 책이 논하고 있습니다.

아래는『말과 사물』의 설명입니다. 이 부분은 푸코론의 계속이라고 보면 됩니다.

17세기부터 18세기, 푸코의 표현으로는 '고전주의 시대'는 사유에 대한 사물의 출현, 즉 '표상'과 사물 그 자체를 구별하지 않고 사물을 사고에 의해 직접 분류·정리할 수 있다고 한 시대였습니다(고전주의 시대 전은 르네상스로, 푸코는 그것도 설명하고 있으나 여기서는 생략합니다). 이때는 표상과 사물이 일치하는가 어긋나는가 하는 문제의식은 없었습니다.

그런데 그 후 근대화의 진전에 따라 표상의 배후에는 사물이 그렇게 만들어진 깊은 원인이 있다, 표상을 보는 것만으로는 알 수 없는 원인을 해명하자는 지식의 운동이 시작됩니다. 예를 들어 생물학이 생기기 전에 고전주의 시대에는 '박물학'이 있었는데, 그것은 동식물의 특징을 분류·정리할 뿐이었습니다. 그 후 지금 우리도 알고 있는 생물학의 단계로 접어들면 생명이라는 추상적인 것을 상정하고 생명의 '기능'이 다양한 신체 기관에서 어떻게 실현되고 있는지를 연구하게 됩니다. 기능이란 눈에 보이는 것이 아닙니다. 기능 자체는 표상으로서는 보이지 않습니다. 추상적으로 생각하는 것입니다. 그렇게 표상의 배후에서 추상적인 수준에서의 원인을 찾아봄으로써 원인이 그곳에 위치한 사물 '그 자체'가 표상으로부터 분리되는 것입니다.

이는 꽤 어려운 얘기라고 생각합니다. 하지만 다음 5장에서 소개하는, 일본 현대사상에서의 '부정신학 비판'과 합쳐 보면 이해할 수 있을 것이므로 지금은 대충 읽어 주면 됩니다.

사고(표상)와 현실(사물)이 어긋나고 있을지도 모른다는 의문은 현대인에게는 당연한 것 아닐까요? 옛날에는 그 어긋남이 없었습니다. 그래서 표상과 사물이 분리되고, 이번에는 두 가지를 어떻게 연결시킬 것인가를 묻는 것인데, 그 과정을 밝히는 실로 섬세하고 규모scale가 큰 과제에 씨름했으니까 푸코는 엉뚱한 사람입니다(이처럼 철학을 배울 때는 역사의 관점이 필요합니다. 인간의 사고 시스템이 어떻게 변화해 갔는지를 의식해야 합니다).

그리고 표상과 사물이라는 이원성은 자기 자신, 즉 인간에게도 되돌아옵니다.

여기의 논리logic는 매우 중요하지만 상당히 난해하기에 전문가의 정리를 참고하도록 하겠습니다. 푸코 연구자 신카이 야스유키는 다음과 같이 정리하고 있습니다.

표상 공간에서 해방되어 자신의 수수께끼 같은 두께 속에 틀어박힘으로써 사물은 인식에 결코 완전하게 주어지지 않는다. 그리고 그렇게 표상에서 한발 물러난 장소에 자리 잡은 사물이 바로 그것에 의해 온갖 인식 가능성의 조건으로서 스스로를 내밀게 된다. 스스로를 보이는 동시에 숨기는 객체, 결코 완전히 객체화될 수 없는 객체야말로 '스스로를 표상의 통일성의 기초로서 보인다'는 것이며, 이로부터 우리는 그러한 기초에의 도달을 목표로 하는 '끝없는 임무'로 불러들여지게 된다.[57]

숨겨진 것으로서의 사물의 수수께끼 추구는 '끝없는 임무'가 됩니다. 즉 끝이 없지만 계속할 수밖에 없습니다. 여기에는 전에 없던 무한성이 생겨나고 있습니다. 고전주의 시대에는, 신의 질서 있는 세계를 예를 들어 박물학에서 기술하는 것은, 그것도 제한 없는 작업이었지만 그 끝나지 않음=무한성은 그저 양이 많다는 것일 뿐이었습니다.

그러나 이제 탐구할수록 '오히려 수수께끼가 깊어진다'는 것입니다. 이것이 새로운 무한성입니다. 사고(표상)와 사물을 가르는 어쩔 수 없는 나락을 메우려고 해도 메울 수 없는 근대적인 무한성입니다. 세계 그 자체, 물자체에는 도달할 수 없습니다. 이런 의미에서 인간이라는 존재가 '유한'한 것으로 발견됩니다. 일찍이 인간이 유한하다는 것은 신에 대해 왜소하다는 정도의 의미였습니다. 〔그러나〕 근대에〔는〕 유한성의 의미가 더욱 깊어지는 것입니다. 사고(표상)에 의해서 세계(사물)에 일치하려고 끝없이 시도하지만, 결국은 할 수 없다는 것이 근대적 유한성입니다.

그리고 푸코에 의하면, 보이지 않는 것의 힘, 네거티브한 것의 힘이 그렇게 승인됨과 동시에 그러한 힘에 의해서 매혹되는 자, 그러한 힘에 의해서 끊임없이 불러들여지게 되는 자의 존재가 부상하게 된다. 진리를 항상 놓친다는 점에서 자신의 유한성을 보여 줌과 동시에 바로 그 유한성 때문에 그 진리를 향해 끊임없이 걸어가는 자로서의 인간, 근

57 愼改康之, 『ミシェル・フーコー: 自己から脱け出すための哲学』, 岩波書店, 2019, 75頁.

원적으로 유한한 존재로서의 인간이 여기에 등장하는 것이다.[58]

칸트의『순수 이성 비판』은 새로운 유한자=근대적 인간의 존재 방식을 처음으로 명료하게 분석한 획기적인 작업이었습니다. 그리고 칸트도 포함해 지식의 근대화란 유한성의 주제화에 다름없다는 것을 명시한 것이 푸코의『말과 사물』입니다.

약간 탈선적이 되었지만, 다시 이번 장 전체와 연결합시다.

근대에 인간의 사고는 보이지 않는 것, 결코 닿지 않는 것, 어둠 같은 것을 향해, 또는 그것을 둘러싸고 전개됩니다. 사고는 불가능성을 운명 지어져 있습니다.[59] 앞의 인용문에 "진리를 향해 부단히 걸어간다"라고 되어 있었는데, 이것은 더 네거티브하게 바꾸어 말하면, "진리를 향하려고 하지만 진리에 대한 도달 불가능성에 의해 계속 견인된다"라는 것입니다. 인간의 사고는 항상 어둠을 껴안게 되었습니다. 사고에 있어서 사고를 피하는 것이 생겼습니다. 그것이 넓은 의미에서의 하부구조의 발견입니다. 디오니소스적인 것(니체), 맹목적인 의지(쇼펜하우어), 무의식(프로이트) 같은 근대적 개념은 인간 자신이 안에 포함하게 된 그 어둠의 다른 이름이라고 정리

---

58 같은 책, 76頁.

59 이 문장은 모호하다. 思考は不可能性を運命づけられる. 직역하면 '사고는 불가능성을 운명 지어져 있다'인데 최소한 다음 세 가지 의미로 풀이된다. 1) 사고는 불가능성을 운명 짓는다. 2) 사고는 불가능성을 사고하도록 운명 지어져 있다. 3) 사고는 불가능하도록 운명 지어져 있다.

할 수도 있을 것입니다. 멀리 거슬러 올라가면 그 어둠이란 형상 내지 이데아를 반드시 따르는 것은 아닌 질료, 물질material의 전신轉身, 변신, 탈바꿈된 모습입니다.

마르크스: 힘과 경제

자, 이제부터 마르크스로 연결합시다.

아까부터 말하고 있는 '하부구조'는 마르크스의 용어로, 사회의 경제적인 성립을 가리킵니다(조금 전까지는 마르크스의 사용법보다 넓고, 숨겨진 것을 하부구조라고 불렀지만 이제부터는 원래의 의미가 됩니다). 마르크스는 정치도 문화도 아니고 오로지 경제야말로, 요컨대 돈 문제야말로 인간을 방향 지어 온 것이라고 갈파한 사람입니다. 그리고 경제는 자본과 노동의 이항대립으로 움직이고 있다고 생각했습니다. 돈 문제가 하부구조라고 불리는 것은 표면적인 사회 상황, 즉 상부구조에 덮여 잘 보이지 않기 때문입니다.

프로이트의, 무의식이 억압되어 의식이 성립한다는 이중구조와 비슷하다고 생각합니다만, 마르크스는 '노동력'과 이로부터의 '착취'라는 메커니즘을 발견했습니다. **노동자는 자신의 노동력에 대해 임금을 받는데, 이 임금은 생활에 필요한 금액이고, 결과적으로 임금에 상응하는 것 이상으로 생산하게 되어 그 잉여의 이익, 즉 '잉여가치'를 사용자＝자본가가 뻥땅을 친다**는 메커니즘입니다.

여기서 중요한 것은 힘의 존재입니다. 노동력은 신체와 두뇌의 힘이며, 그 힘이 억눌리고 관리·통제되고 착취당하고 있다고 합니다.

착취당하는 쪽과 사람을 쓰는 쪽으로 나뉘는 것은 결국 어떤 입장에서 태어나고 자라느냐의 우연성에 달려 있습니다. 우연히 땅을 가진 집에서 태어나면 거기에 공장을 지을 수도 있고, 어쨌든 처음부터 유리합니다. 반면 아무것도 없는 처지의 사람은 고용되어 노동력을 제공할 수밖에 없습니다. 자신의 '노동력 상품'을 판매할 수밖에 없습니다.

인간에게는 본래 마음대로 쓸 수 있는 힘이 있을 터인데, 우연적인 입장 차이로 착취당하고 있다는 것입니다. 과장해서 말하면 누구에게나 아나키하고 디오니소스적이라고 할 수 있는 힘이 애초에 있는데도 제약을 당하고 있다는 것입니다.

그렇게 생각함으로써 보이게 되는 것은 노동자가 자기 자신의 힘을 되찾고 더 자율화해야 한다는 노동운동의 방향성입니다. 그 힘은 때로는 파업이나 기타 저항운동 등 착취에 대항하는 힘이 됩니다.

모든 사람이 자기 자신의 힘을 되찾으려면

여기서 프로이트적인 발상과 연결하면서 현대적인 예를 꺼내 보겠습니다.

경력을 더 쌓기 위해서 자기 계발서를 읽고 의욕을 낸다든가, 직장 환경을 좋게 하기 위해 LGBTQ에 대한 차별을 없애는 운동에 씨름한다든가, 그러한 활동은 "의식이 높다"라고 여겨지는 것이겠지요. 하지만 일의 효율을 높이고 직장을 더 좋게 만들겠다는 선의는 잉여가치를 계속 뜯긴다는 하부구조의 문제에 등을 돌리는 것이 아닐까요? 심술궂게 말하면 **착취당하고 있어도 쾌적하기 위해 스스로 자진해서 〔착취당할〕 궁리를 하고 있는 것이 아닌가** 하는 것입니다.

이때 **정말로 의식을 높게 갖는다는 것은 착취당하고 있는 자기 자신의 힘을 더 자율적으로 이용할 수 없을까를 생각한다**는 것이 됩니다.

무엇보다 자신이 사용되고 있는 인간이라는 것을 자각한 후, 독립을 결심해야 한다는 자기 계발은 많이 있습니다. 그것이 의미하는 것은 노동자에서 자본가가 되라는 것입니다. 그러면 결국 누군가를 착취하는 입장으로 바뀔 뿐입니다.

그래서 마르크스주의에서는 "당신도 자본가 될 수 있다"가 아니라 모든 사람이 이 구조에서 해방되려면 어떻게 할 것인가, **모든 사람이 자기 자신의 힘을 되찾으려면 어떻게 할 것인가**를 생각하려고 하는 것입니다. 그것이 '공산주의'라고 불리는 것인데, 아직 그것은 실현되지 않았습니다(역사상의 사회주의국가들은 그것을 시도하다가 실패했습니다).

'의식이 높다'고 통상 얘기되는 의식 아래 억압되고 무의식의 수준에 머물러 있는 자신의 본래적 힘, 말하자면 디오니소스적인 것을 어떻게 되찾고, 거기에 어떻게 착취 구조와는 다른 독자적인 질서를 부여할 것인가? 이것이 후기 푸코에게서 스스로 자신을 질서화한다는 '자기에의 배려'의 얘기로 이어집니다.

일반적으로 의식수준에서는 신체의 우연성을 무시하고 누구나 모두 똑같이 작업의 숙련도skills를 높이고, 경쟁하고 똑같은 기준으로 성공하려고 노력합니다. 성공하지 못하는 것은 노력이 부족하기 때문이라고 생각하고, 그로 인해 다양한 자기 계발과 훈련을 강요 받습니다(강요받는다는 것을 모르고, 자신의 의지로 노력하고 있다고 생각하면서 그렇게 하게 됩니다). 노력의 측면은 물론 있지만 근본적으로 경제적 처지의 차이는 우연적인 조건의 차이도 큰 것이며, 사장이 된 사람은 노력했기 때문만이 아니라 여러 가지 의미에서 조건이 좋았던 것입니다. 우선은 그 우연성을 깨닫는 것이 중요하고, 자신이 처한 상황을 필연적인 것으로 여기지 않는 것이 '나 자신에게 돌아가기' 위한 첫 번째로 중요한 사고의 전환입니다.

그 위에서 자신이 무엇을 할 수 있는가? 사람은 각자 잘하는 것이나 못하는 것을 가지고 있고, 그것에는 우연성이 있습니다. 노력에 따라 달라질 수 있는 부분도 있고 달라지지 않는 부분도 있습니다. 여기서도 이중으로 생각할 필요가 있습니다. 태어나고 자란 조건으로 어떤 사람이 될 것인가가 정해지는 것은 아니지만, 나중의 노력은 결코 평등한 경쟁이 아니며, 노력에 따라 모든 초기 조건을 초기화reset할 수 있는 것은 아닙니다. 그래서 아마 지향해야 할 사회란 이른바 각각의 '존재의 편향(치우쳐 있음, 편중)' — 자못 밝게 '개성'이라고 말하는 것보다는 정신분석적인 의미를 담으면서도 인간의 특징을 어느 정도 부정적으로 표현하는 것이 오히려 다양성을 긍정하는 자세라고 저는 생각합니다 — 을 활용하는 형태로 각자가 힘을 되찾고 자신에게 적합한 노력을 할 수 있는 사회일 것입니다. 평균화된 평평한 사회를 지향하는 것이 아니라 울퉁불퉁해도 어떻게든 돌아가는 사회를 지향하는 것입니다.

그리고 그것은 자신이 왜 지금 이런 사람인가를 정신분석적으로 추구하고 우연한 만남으로 거슬러 올라가는 것으로 이어지고 있습니다. 즉, **같은 씨름판, 같은 기준으로 모두와 경쟁하여 성공해야 한다는 강박관념에서 벗어나려면, 자기 자신의 성립에서 더 거슬러 올라가 그것을 우연성에 열고, 우연히 이렇게 존재하는 것으로서의 자신이 될 수 있는 것을 재발견하는 것**이라고 생각합니다. 이렇게 해서 스스로의 힘을 되찾는다는 실천적 과제에서 니체와 프로이트와 마르크스가 합류하게 되는 것입니다.

정신분석과 현대사상

: 라캉, 르장드르

Jacques Derrida
Gilles Deleuze
Michel Foucault
Friedrich Nietzsche
Sigmund Freud
Karl Marx
Jacques Lacan
Pierre Legendre
Emmanuel Levinas
Catherine Malabou
Quentin Meillassoux
Graham Harman
François Laruelle

현대사상의 전제로서의 정신분석

이번 장에서는 다시 한번 정신분석과 현대사상의 관계를 자세히 설명하고자 합니다. 현대사상을 이해하기 어려운 원인 중 하나는 자크 라캉(1901~1981)의 정신분석이 종종 암묵적인 전제가 되어 있고 게다가 라캉이 매우 어렵기 때문입니다.

제 학창 시절에는 라캉 입문서도 적었고, 그 큰 틀을 포착하는 것도 어려운 일이었습니다. 라캉에 관한 문헌은 꽤 여러 가지 읽었습니다. 이번 장으로 아주 대충은 알 수 있겠지만, 이후 꼭 여러 입문서를 읽어 주기 바랍니다. 라캉의 경우는 특히 입문서를 여러 권 읽고 몇 가지 해설을 합산하는 것이 중요합니다. 잠시 후에 책을 소개하겠습니다.

그런데 데리다에게는 유명한 라캉 비판 논문인 「진리의 배달부」가 있습니다(《현대사상》 1982년 2월 임시 증간호 '데리다 독본'에 번역이

게재).**60** 이 비판이 있었기에 일본에서는 아즈마 히로키의 『존재론적, 우편적』이 쓰일 수 있었습니다. 또 들뢰즈+가타리의 『안티 오이디푸스』는 정신분석 비판을 통해 욕망에 대한 새로운 파악 방식을 끄집어 냈습니다. 그렇게 정신분석 비판이랄까, 정신분석에서 한 수 배우는 듯한 형태로 자신의 사상을 형성하는 면이 현대사상에는 있습니다.

저는 젊었을 때 데리다나 들뢰즈+가타리의 정신분석 비판을 충분히 소화하지 못해 정신분석은 글러 먹었다고 단순히 반발했습니다. 그러나 점점 정신분석은 만만치 않다, 정신분석적인 가족의 문제는 그렇게 간단하게 넘겨 버릴 수 없다고 생각하게 되었습니다. 그것은 나이가 들면서 인간에 대한 시각이 달라졌기 때문일지도 모릅니다. 결과적으로 정신분석의 의의를 어느 정도 인정하면서, 그러나 그 외부를 지향하는 욕망 이론도 갖는다는 자세를 취하게 된 것입니다. 그렇게 이 책에서는 정신분석과 정신분석 비판이라는 이중 체계를 추천하고 싶습니다.

인간은 과잉의 동물이다

그래서 이 장은 라캉에 관한 매우 간략한 입문입니다. 라캉의 이론은 매우 복잡합니다. 여기서는 정말로 〔많은 것을〕 생략하고

---

60 清水正 · 豊崎光一 訳, 「真実の配達人」, 『現代思想』, 1982.2, 臨時増刊号 'デリダ読本'. ; Jacques Derrida, "Le facteur de la vérité", in *La carte postale: de Socrate à Freud et au-delà*, Flammarion, 1980, pp.439-524.

최소한의 것만 설명합니다.

정신분석이 기본적으로 어떤 것인지는 4장의 프로이트 대목에서 설명했으니 잊어버린 사람은 다시 읽어 두세요. 이하에서는 그 총론을 반복하지 않고, 라캉의 독자적인 이론에 대해서만 설명합니다.

정신분석이란 오컬트occult, 초자연적인 요술가 아닐까? 하고 회의하는 사람을 향한 우선적인 변호입니다만, 정신분석이란 인간 정신에 대한 하나의 가설이며, 적어도 실천적으로는 의미가 있다, 효과가 있다는 것이 당사자에 의해 보고되고 있습니다. '가설'이라고 말하는 까닭은 프로이트나 라캉의 이론이 현대의 자연과학과 어떻게 대응할 수 있을지 아직 확실하지 않기 때문입니다. 최근 뇌과학의 새로운 이론인 영국의 프리스턴 등의 '자유에너지 원리'가 주목받고 있는데, 이는 정신분석과도 친화성이 높은 것으로, 그 관점에서 프로이트를 재검토하는 논문도 쓰이고 있습니다.[61]

정신분석이 말하는 것을 모두 진정으로 받아들일 필요가 있다고는 생각하지 않습니다.

예를 들어 정신분석에서는 잠을 자고 있을 때의 꿈을 중시하고 무의식을 간접적으로 드러내는 것으로 해석하는데, 꿈이 그만큼 깊은 의미를 갖는 것인지도 의문이 듭니다. 단지 최근 사건의 단편이

---

61 '자유에너지 원리The Free-Energy Principle'란 영국의 칼 프리스턴Karl J. Friston이 제창한 뇌 정보 이론이다. 생물의 지각이나 학습, 행동은 '변형 자유 에너지variational free energy principle'라고 불리는 비용함수를 최소화하도록 결정된다고 한다. 그 결과, 생물은 '변형 베이즈 추론Bayesian inference'이라고 불리는 통계학적 추론을 자기 조직화에 행한다고 여겨진다.

무작위적random으로 나오는 것일 뿐이라는 견해도 있을 수 있습니다. 꿈이 세세한 부분까지 모두 자신의 콤플렉스에 관련되어 있다는 독해는 '지나친 의미화'라고 생각합니다. 하지만 다른 한편으로 전부 무작위적이라고 보는 것도 이상하다고 생각해요. 뭔가 궁금한 것, 옛날부터 질질 끌고 다니던 것이 꿈에서 상징화되어 나온다는 것은 경험이 말해 주고 있다고 생각합니다. 게다가 별 의미가 없는 부분도 당연히 있다고 생각합니다. 그것은 둘 다 섞여 있다고 생각하는 것이 온당한 사고방식일 것이라고 생각합니다.

그런데 그러한 정신분석은 어떤 식으로 현대사상과 연결되어 있을까요?

다시 말하면, 현대사상은 정신분석을 비판하지만, 원래는 정신분석에서 영감을 얻고 있습니다. 앞 장에서 니체, 프로이트, 마르크스를 통해 살펴본 바와 같이 19세기에 표면의 질서 아래 숨겨져 있는 힘의 차원이 발견되고 20세기에 이르러 그러한 탈질서적인 것의 창의성이 얘기되었습니다. 표면의 질서는 이항대립적으로 조립되어 있습니다. 거기에서 도망치는 것은, 데리다라면 탈구축에 의해 질문되는 회색 지대이고, 들뢰즈라면 도주선 끝의 외부라는 것이 됩니다. 인간의 사고나 행위에는 질서 정연한 것만이 아니라 불합리한 힘의 흐름에 맡겨져 있는 면이 있고, 인간에 대한 진정한 이해에 이르려면 질서를 벗어나는 디오니소스적이고 꺼림칙한 것을 인간에게서 찾아야 합니다.

정신분석은 인간에 대한 하나의 정의를 줍니다. 그것은 "인간은 과잉의 동물이다"라는 것입니다. 과잉, 혹은 질서로부터의 일탈성.

저는 자주 "인간은 에너지를 남긴다"라고 말합니다(이것은 사투리 같지만, '남게 둔다'보다 '남긴다'라는 말이 왠지 모르게 제게는 자연스럽습니다).[62]

이것은 다른 동물들과 대비해서 말하고 있습니다. 최근 연구에서는 인간과 동물의 경계선을 점점 흐릿하게 해서 그러데이션[63]으로 만들어서 인간만이 할 수 있다고 생각했던 것이 사실은 동물도 할 수 있는 것이었다는 방향성이 유행인데, 여기서는 굳이 보수적으로, 역시 인간은 자연계에서 특별한 존재라는 입장을 먼저 취하고 싶습니다. 그 특별함이란 무엇보다 언어입니다. 일단 그런 인간관을 잘 알아 두었으면 합니다. 그렇게 생각하면 보이는 것이 있기 때문입니다.

본능과 제도

들뢰즈가 젊었을 때 편집한 『본능과 제도』(1953)라는 인용집 서문에서는 인간은 단순히 본능적인 필요성으로 살아가는 것만

---

62 "인간은 에너지를 남긴다"의 원문은 "人間はエネルギーを余している"인데, 괄호 안에서는 원문의 "余している"가 "余らせている"보다 더 나은 표현이라고 지적하는 것이다. 후자는 남게 둔다는 뜻 외에 사역의 의미가 있어서 '남게 시킨다'도 의미하는데, 이런 두 가지 의미보다는 능동의 의미를 강조하는 게 더 적합한 표현으로 보인다는 의미이다.

63 저자는 『너무 움직이지 마라』 등에서 이 단어를 매우 자주 사용하는데, gradation은 말 그대로 '화면 등의 농담도濃淡度'나 등급이나 단계의 변화 등을 가리킨다. 그런데 이렇게 옮기면 저자의 의도를 제대로 담아낼 수 없어서 여기서는 저자의 '괴이한' 영어를 그대로 쓰기로 한다.

이 아니라는 점을 강조하고 있습니다.

동물은 본능적 필요성, 즉 영양 섭취나 번식 등을 위해 취할 수 있는 행동의 폭이 인간보다 훨씬 좁다고 합니다. 단순화해서 말하면 본능적 필요성과 그것을 달성하는 수단이 상당히 일대일로 대응한다는 것입니다(완전히 정해져 있지는 않습니다. 동물에게도 행동의 다양성이 있습니다). 그에 비해 인간은 매우 다양한 방식으로 필요에 부응합니다. 인간은 요리를 매우 복잡하게 발달시켰으며, 거기에는 영양 섭취를 넘어선 과도한 쾌락이 있다고 할 수 있습니다. 동물의 경우는 어떤 종류의 바다소[64]는 정해진 해면동물밖에 먹지 않는다든가, 굉장히 좁은 식성의 것도 있습니다. 혹은 인간의 성행동은 필요 이상으로 즐거움을 위해 행해지며, 동성애나 트랜스젠더 같은 '다른' 가능성으로 살아가기도 합니다.

단지 필요한 만큼의 영양 섭취에 비해 요리는 '제도'입니다. 프랑스 요리, 튀르키예 요리 등 여러 제도적 '약속'이 있으며 전통이 형성되어 있습니다. 성관계 방식도 한 가지만 있는 것이 아니며 본능적으로는 이성 간의 번식행동이 바탕이지만 그 에너지는 다양한 형태=제도에 의해 충족됩니다. 들뢰즈는 이렇게 쓰고 있어요.

본능이라고 불리는 것, 제도라고 불리는 것, 이것들은 본질적으로는 만족을 얻기 위한 방법들procédés을 가리킨다. 어떤 때에 유기체는 본

---

64 원래는 '우미우시ウミウシ'인데, 해우海牛라는 의미로, 머리에 있는 더듬이가 소뿔처럼 보이는 것에서 유래한 말로 추정된다. 영어로는 seacow(해우)라고도 하지만 대체로 sea slug(민달팽이)로 불린다.

성상 외적 자극에 반응함으로써 외부 세계로부터 자신의 경향성과 욕구를 만족시키기 위한 요소들을 끄집어낸다. 이 요소들은 상이한 동물들에 대해 그 특정한 세계를 형성한다. 또 어떤 때에 주체는 자신의 경향성과 외부 세계 사이에 독자적인original 세계를 설치함으로써 인위적인 만족의 수단들을 정교화한다. 이 수단들은 유기체를 자연으로부터 해방시켜 다른 것에 종속시키며, 경향성 그 자체를 새로운 환경에 도입함으로써 변형시킨다.[65]

본능이란 '제1의 자연'이고, 동물한테 그것은 상당히 자유도가 낮지만, 인간은 그것을 '제2의 자연'인 제도에 의해서 변형하는 것입니다. 여기서의 '제도'에는 '다른 것일 수 있다'라는 의미가 담겨 있습니다. 반대로 본능이란 고정적이고 그럴 수밖에 없는 것입니다. 제도는 다를 수 있다, 하지만 얼마든지 마음대로 바꿀 수 있는 것도 아니라는 점이 중요합니다. 인간은 다양한 방식을 취할 수 있지만, 원하는 타이밍에 어떻게든 변할 수 있는 것은 아닙니다.

인간의 과잉은 뇌신경의 발달 때문이라는 것이 흔히 이루어지는 설명입니다. 그래서 다른 동물보다 인식의 다양성을 가지고 있는 것이라고 합니다. 다른 동물들은 성체成體에 가까운 형태로 태어나지만 인간은 미완성 상태로 태어납니다. 인간의 아이는 신경계적으로 아직 정리되지 않았기 때문에 태어나서 한동안 폭풍 속에 있는

---

65 ドゥルーズ, 加賀野井秀一 訳,「本能と制度」,『哲学の教科書』, 河出書房新社, 2010, 75頁. 프랑스어 원본과 대조하여 번역을 수정했다.

듯한 상태입니다. 그리고 점점 성장하면서 가르침을 받음으로써 사물을 일대일 대응하듯이 인식할 수 있게 됩니다. 노이즈가 있는 상태에서 굳어져 갑니다. 이것은 경험적으로 납득할 것이라고 생각합니다. **애초에 과잉이며, 정리되지 않은 인지의 에너지를 어떻게든 제한하고 정류整流해 간다는 것이 인간의 발달 과정**입니다. 교육이란 우선 제한입니다. 그 첫 번째로 가장 큰 행위가 자신이 이름으로 불리고 주변 사물들의 이름을 알려 주는 것입니다. "이것은 무엇이다, 그 외는 아니다"라는 것은 바로 제한입니다.

욕동의 가소성

하나의 테제로서 말합시다 — **인간은 인지 에너지를 남긴다.**

자유롭게 유동하는 인지 에너지를 정신분석에서는 본능과 구별하여 '욕동欲動'이라고 부릅니다.[66] 인간의 근저에는 포유류로서의 본능적 차원이 있기는 하겠죠. 그렇지만 그것이 실제로 어떻게 발동하는가 하면 매우 다양하고, 욕동이라는 유동적인 형태로 변환되고 있습니다(……라는 가설입니다).

이것은 프로이트가 말하는 것인데, 욕동이 향하는 곳은 일대일대

---

66 일본에서는 대체로 'instinct'를 '본능'으로 번역하는 반면 'pulsion'은 '욕동'으로 번역하는데, 후자의 경우 한국에서는 '충동'으로 번역한다. 그러나 이 단어가 정확히 무엇의 번역어인지 확인하기 어려워 여기서는 그대로 '욕동'으로 번역한다. 따라서 '죽음충동'으로 번역해야 할 경우도 '죽음의 욕동'으로 그대로 표기한다.

응이 아니라 자유롭고 정해져 있지 않습니다. 그렇기 때문에 성적인 대상도 처음 단계에서는 정해져 있지 않고 이성異性을 욕망하는 대다수의 경향은 원래 본능적으로 있기는 하지만 인간의 경우에는 욕동의 수준에서 그것을 다시 고정하게 됩니다. **본능의 수준에 이성애의 큰 경향이 있다 하더라도 욕동이 유동적이기 때문에 욕동의 수준에서 예를 들어 동성애라는 또 다른 접속이 성립하는 일이 있을 수 있는 것입니다.** 성애뿐만 아니라 뭔가 특정한 것에 강한 선호를 갖는다든가, 그러한 자유로운 배선配線이 욕동의 차원에서 일어나는 것입니다.

본능적·진화론적인 대경향은 있다 하더라도, 욕동의 가소성可塑性이야말로 인간성입니다.

욕동에서 성립하는 생·성生·性의 존재 방식은 비록 그것이 이성애 같은 메이저리티의 형식과 일치한다 하더라도 모든 것은 욕동으로서 재형성된 것이기 때문에 그런 의미에서 모든 것이 본능으로부터의 일탈입니다. 즉, 극단적인 얘기이기는 하지만, **본능에서 이성간 생식이 대경향으로 지정되어 있더라도 그것은 욕동의 수준에서 일종의 일탈로서 재형성됨으로써 비로소 정상화**되는 것입니다.

그렇게 욕동의 수준에서 성립하는 모든 대상과의 접속을 정신분석에서는 '도착'이라고 부릅니다. 따라서 인간은 본능대로 사는 것이 아니라 욕동의 가소성을 항상 가지고 있다는 의미에서 인간이 행하는 것은 모두 도착적이라는 셈이 됩니다. 이러한 발상은 정상과 비정상=일탈이라는 이항대립을 탈구축하는 것입니다. **우리가 정상이라고 생각하는 것도 '정상이라는 일탈' '정상이라는 도착'입**

니다. 본능적 경향과 욕동의 가소성이라는 이중 체계를 생각한다는 것이 여기서 말하고 싶은 것입니다. 모든 인간을 도착적인 것으로 보는 발상은 장 라플랑슈Jean Laplanche라는 정신분석가가 보여 줍니다. 『정신분석에서의 삶과 죽음』(1970)[67]이 그 문헌인데, 전부 읽기는 힘들기 때문에, 1장이라도 읽어 보면, 지금의 이야기가 더 전문적으로 설명되어 있습니다.

라캉: 주체화와 향락

이상으로, 이른바 인간에 대한 기본적인 정의를 했는데요, 그다음으로 인간이 어떻게 '인간이 되어' 갈 것인가, 즉 '주체화'해 나갈 것인가라는 이야기로 넘어갑시다. 이를 아이의 성장을 어떻게 파악할 것인가에 관한 라캉의 발달론을 모델로 하여 설명하고자 합니다. 다만 라캉의 이론은 복잡하기에 상당히 [많은 것을] 생략하게 됩니다.

우선 말해 두면, 어쨌든 **인간이 얼마나 한정되고 이른바 '유한화' 되는가**가 지금부터의 주제가 됩니다. 즉, 유한화가 주체화인 거죠.

아이는 처음에 아직 자기가 독립해 있지 않고 어머니와 일체적

---

67 Jean Laplanche, *Vie et mort en psychanalyse*, Flammarion, 1970. ; ジャン・ラプランシュ, 十川幸司・堀川聡司・佐藤朋子 訳, 『精神分析における生と死』, 金剛出版, 2018. (국역본은 없으므로 영역본이라도 읽으려면 다음을 참조. Jean Laplanche, Translated with an Introduction by Jeffrey Mehlman, *Life and Death in Psychoanalysis*, The Johns Hopkins University Press, 1976.)

인 상태에 있습니다. 이른바 모자 일체의 상태입니다. 덧붙여 '어머니'라고 말하는 것은 여기서는, 그 존재 없이는 살아남을 수 없는 타자라는 의미입니다(여성인 친부모로 한정되지 않는다는 것입니다). 그런 넓은 의미의 어머니가 필요한데, 그 존재는 항상 자신의 곁에 있어 주는 것이 아니라 자신을 두고 부엌이나 화장실에 가 버리곤 합니다. 아이들은 그런 분리를 조금씩 경험하는데 그렇게 되면 유난히 불안한 상태를 견뎌야 합니다. 어머니의 결여를 구멍 같은 것이라고 하면, 바로 마음에 구멍이 하나 생기는 것입니다.

이상적인 상태로부터 튕겨 나가는 것을 '소외'라고 합니다. 정신분석적으로는 어머니가 반드시 줄곧 곁에 있어 주는 것은 아니라는 것이 처음이자 가장 큰 소외입니다. 그리고 그것이 모든 자립의 시작입니다. 이 소외는 어머니가 있거나 없거나 한다는 무작위성에 의한 것입니다(아이는 어머니의 행동 이유를 알 수 없습니다). 여기서 근본적인 불안을 일으키는 것은 우연성입니다. 어머니라는 우연성입니다.

어떻게 될지 모르겠네, 엄마가 사라졌어, 이렇게 강렬한 불안으로 긴장합니다. 그 후 어머니가 돌아와서 안아 주고 젖을 주는 것은 극단적인 마이너스에서 플러스로의 역전에 해당하는데, 불안이 클수록 그 대가로 엄청난 쾌[68]를 얻을 수 있을 것입니다.

여기에는 '쾌'의 두 가지 양상이 있습니다. 첫째, 긴장이 풀리고

---

68 plaisir(영어의 pleasure)가 정신분석에서 말하는 '쾌락'인데, 이하 본문에서 보듯이 '쾌'를 '쾌락'의 측면과 '죽음의 욕동(죽음충동)'의 측면으로 나누어 서술하고 있으므로, 이런 의도를 존중하여 쾌와 쾌락을 구별하여 번역한다.

이완되는 것입니다. 안심입니다. 하지만 또 한 가지 놓칠 수 없는 것이 있습니다. 둘째, 우연에 휘둘리고, 죽을지도 모를 아슬아슬한 곳에서 안전지대로 돌아온다는 스릴이며, 이는 불쾌와 쾌가 섞인 것으로, 이쪽이 첫 번째 쾌의 정의보다 근본적이라고 해야 하지 않을까요? 첫 번째 정의가 보통의 의미에서의 '쾌락'입니다. 반면에 두 번째 쪽에서는 오히려 죽음을 요구하는 것 같기도 하고, 여기에 프로이트의 '죽음의 욕동'이라는 개념이 들어맞습니다. **죽음의 우연성과 이웃하는 듯한 쾌를 라캉은 '향락**jouissance'**이라고 불렀습니다.**

아이는 울부짖으며 어머니를 부릅니다. 우는 것은 불가결한 것을 불러들이는 첫 번째 행동입니다. 진화적으로 보면, 이것은 모유를 먹고 싶기 때문에, 즉 생명 유지를 위해서인데, 이것이 욕망의 근원입니다. 아이는 조만간 장난감 등을 가지고 놀게 되는데, 그러한 대상에는 어머니의 대리물이라는 면이 있습니다. 근본적인 '욕심'의 대상은 모유이며, 장난감의 욕심 등 뭔가 외적 대상을 향한 지향성은 어머니와의 관계의 변주로서 전개됩니다. **성장하고 나서의 욕망에는 일찍이 어머니와의 관계에서 안심·안전(=쾌락)을 요구하면서 불안이 갑자기 해소되는 격렬한 기쁨(=향락)을 맛본 것의 잔향殘響이 있습니다.**

거세란 무엇인가

자, 거기에 또 다른 인물이 개입해 들어옵니다. 아버지입니다. 이 '아버지'란 밀접한 두 사람의 세계를 방해하는 것을 가리킵니다. 이것도 친아버지가 아니더라도 좋고, 개념적으로 말하면 '제3자'의 존재를 의미합니다. 자녀에게 외적 대상과의 관계는 어머니와의 관계의 변주라고 했는데, 그로부터 벗어난 제3자적 외부, 즉 '사회적인 것'을 도입하는 것이 바로 이 '2'의 외부에 있는 '3'의 인물입니다. 그것은 모자의 일체화를 방해 = 금지하는 것입니다.

이 금지는 "안 돼!"라고 입 밖에 내는 것이 아닙니다. 어머니가 아이의 곁에서 사라질 수 있다는 것과 두 명의 외부 = 제3자의 영역이 있는 것 같다는 인식이 연결됩니다. 어머니에게는 어머니의 사정이 있어서 줄곧 아이만 챙길 수는 없습니다. 거기서 **자신 이외의 누군가 = 제3자와의 관계 때문에 어머니가 없어져 버린다, 즉 어머니를 그 누군가가 자신에게서 빼앗는다**는 '느낌'이 성립합니다. 아버지 = 제3자는 그러므로 미워해야 할 존재이며 어머니를 [그에게서] 되찾아야 합니다. 이것이 이른바 '부친 살해' 이야기이며, 위와 같은 프로세스를 정신분석에서는 '오이디푸스콤플렉스'라고 부릅니다. 그렇게 해서 '외부가 있다'는 것이 아이에게 성립됩니다. 외부의 객관적 인식에는 본래의 모자 일체를 방해받았기 때문에 미움이 동반됩니다(정신분석적으로 말하면 객관성에는 미움이 동반됩니다).

이러한 아버지의 개입을 정신분석에서는 '거세'라고 부릅니다. 어머니가 줄곧 곁에 있어 준다는 안심·안전은 어머니의 변덕 = 우연성에 의해 무너지는데, 그 이유는 아버지=제3자가 세계에는 존재하기 때문입니다. 짤막한 표현이 되겠지만, **"객관세계는 뜻대로 되지 않는다, 그래서 더는 모자 일체로는 돌아갈 수 없다"라는 결정적인 상실을 떠안게 되는 것이 거세입니다.**

거세라는 말은 성적인 것입니다. 젖을 먹는다든가 품에 안겨서 안심한다든가 하는 쾌, 그리고 그 결여로서의 불쾌, 그것이 근본에 있는 것인데, 정신분석에서는 그러한 쾌/불쾌가 이미 성적이라고 생각합니다. 나중에 통상적으로 그렇게 얘기되는 성적인 쾌/불쾌가 식욕이나 안심하고 싶다는 것으로부터 분화됩니다(하지만 근본적으로는 연결되어 있습니다). 그러므로 쾌/불쾌의 첫 단계에 개입하는 금지를 성적 의미를 포함하여 '거세'라고 부르는 것입니다.

결여의 철학

어머니의 결여를 메우려는 것이 인생입니다. 그러나 그것은 결코 메워지지 않습니다. 절대적인 안심·안전은 있을 수 없으며 불안과 함께 살아갈 수밖에 없습니다. 하지만 그렇게 깨달아도 구멍을 메우려고 합니다—그것이 인생입니다. 근본적인 결여를 메우려고 하는 것이 라캉에게서의 '욕망'입니다. 그런 의미에서 라캉에게는 '결여의 철학'이 있습니다.

예를 들어 '한정품 운동화를 원한다'거나 특별한 아이템에 마음이 끌린다고 할 때, 자신이 원하는 것의 배후에는 유년기의 근본적인 소외와의 복잡한 연결고리가 있습니다. **이를 손에 넣어야겠다고 생각하는 특별한 대상이나 사회적 지위 등을 라캉 용어로 '대상 a' 라고 합니다.** 사람은 대상 a를 계속 요구합니다.

라캉의 이론은 매우 심술궂어서 어떤 대상 a를 임시로 손에 넣었다고 해도 진정한 만족에는 이르지 못한다는 것을 강조합니다. 대상 a라는 것은 모종의 겉모습으로, 그것을 손에 넣으면 환멸을 동시에 맛보게 되고, 또 그다음의 '정말 갖고 싶은 것'을 찾게 됩니다. 그렇게 인생은 계속됩니다.

그렇게 말하면 인생은 허무한 느낌이 들지만 그래도 괜찮습니다. **만약에 뭔가 손에 넣게 되어 "좋아, 이제 인생의 목표가 달성됐어" 라고 하면 그 후 살아갈 기력이 없어져 버립니다. 결국 어떤 대상 a 를 동경하다가 배신당하는 것을 반복함으로써 인생은 움직이는 것 입니다.** 이런 논리 자체를 메타로 파악함으로써 욕망을 '멸각하는 〔모조리 없애 버리는〕' 방향으로 향하는 것이 불교적 깨달음일 것입니다.

연결되는 이미지의 세계와 언어에 의한 구별

대략 위와 같은 것이 라캉의 발달론으로, 일단 오이디푸스 콤플렉스의 기본적인 이해를 얻은 셈입니다. 그 위에서 라캉의 유명한 세 쌍의 개념, '상상계·상징계·현실계'에 대해 설명하겠습니다.

라캉은 크게 세 영역에서 정신을 파악합니다. **첫 번째인 '상상계'**

는 이미지의 영역, 두 번째인 '상징계'는 언어(혹은 기호)의 영역으로, 이 둘이 합쳐져 인식을 성립시킵니다. 사물이 이미지로서 지각되고(시청각적으로, 또 촉각적으로), 그것이 언어에 의해서 구별되는 것입니다. 이를 인식이라고 부르죠. 세 번째인 '현실계'는 이미지로도 언어로도 파악할 수 없는, 즉 인식으로부터 벗어나는 영역입니다. 눈치챘겠지만 이 구별은 칸트의 『순수 이성 비판』과 비슷한 게 아닐까요? 나중에 '부정신학 비판'에서 설명하겠지만, 사실 라캉의 이론은 칸트 OS의 현대판이라고 할 수 있습니다(상상계→감성, 상징계→오성, 현실계→물자체라는 식으로 대응됩니다).

인간의 발달에서는 우선 이미지의 세계가 형성됩니다. 아직 자기가 분명하지 않고 자극의 폭풍에 처해 있는 갓난아이는 대상을 충분히 구분하지 못하며 모든 것은 경계가 애매하고 희미하게 연결되어 있습니다. 지각에는 강약의 차이가 있고, 강한 부분으로 주의가 향한다고 해도 그것은 아직 다른 곳으로부터 명확하게 구별되는 것은 아닐 것입니다.

거기에 언어가 개입하는데, 언어가 행하는 것은 '나누기'입니다. 이름을 주고 이미지의 연결을 끊고 모든 것이 뒤죽박죽이 되지 않도록 제한합니다. 일정한 형태를 가리키면서 말을 함으로써 세계가 대상으로 나뉩니다.

그 과정에서 아이는 자기 자신의 모습을 처음 보기도 합니다. 거울에 의해서요. 그리고 이름이 불리고, 그 정리된 이미지를 자신의 것으로 떠맡게 됩니다. 이를 라캉은 '거울상 단계'라고 부릅니다.

거울상 단계를 통해 자기 이미지가 생겨납니다. 그것은 상상계와 상징계의 혼합에 의해 가능합니다. 인간은 자기 자신의 전체상을 볼 수 없습니다. 거울에 의해 간접적으로 (게다가 반전된 상으로) 볼 수밖에 없습니다. 자기 이미지는 항상 밖에서부터 주어진다는 것이 라캉의 중요한 가르침입니다. 거울상이란 거울에 비친 모습뿐만 아니라, 자신에 대해 다른 사람이 말하는 것이나 유명인이나 애니메이션 캐릭터를 모델로 하여 자신의 모습을 조정한다고 할 때의 외적인 것 모두를 가리킵니다. 어른이 되어서도 우리는 날마다, 거울상적인 자기 이미지를 계속 작성합니다(그래서 '자기 찾기'는 결코 끝나지 않습니다). 단적으로 자기 이미지란 타자입니다.

그리고 앞서 설명한 거세에 의해 상상계에 대해 상징계가 우위를 차지하게 됩니다. **혼란스러운 연결의 세계가 언어로 구분되고, 구분되는 쪽에서 세계를 보게 됩니다.** 잘 모르는 색이나 소리의 홍수 속에서, 움직이는 무언가를 보고 '멍멍?'이라고 이름을 찾는 것이 아니라, 처음부터 '개'라는 구분=필터에 해당하는지 아닌지로 사물을 보게 됩니다. 상징계의 우위란 세계가 객관화된다는 것입니다. 하지만 그것은 원초적인 그 행복과 불안이 역동적으로 소용돌이치던 향락을 금지한다는 것을 의미합니다.

그런데 어렸을 때는 그냥 마음대로 선을 그어 대면서 전위적이라고도 보일 수 있는 그림을 그리기도 하잖아요. 성장하면서 '집'이나 '아빠' 등을 그리게 되고, 더 나아가 동그라미 두 개와 가로 막대를 그려서 '얼굴'이라고 말하는 등 기호적이고 일대일대응적인 표상으로 가득 채워지게 됩니다. 상징계에 의해 상상적 에너지의 폭발이 억압되어 버리는 것입니다.

상상력은 여러 가지를 구분하지 않고 이어 붙입니다. 상상력이라는 말은 윤리적인 의미로도 쓰이죠. 예를 들어 "지구 반대편의 가난한 사람들에게도 상상력을 넓히자"처럼요. 지금 일본에서 생활하고 있는 자신과 처지가 완전히 다른 사람을 분신처럼 파악해 보라는 얘기입니다. 다시 말하면, 바로 구별을 초월한 연결, 혹은 구별 바로 직전의 연결로 돌아가 보자는 것입니다.

그런데 언어는 분별을 할 수 있게 하는 것으로, '이쪽은 이쪽, 저쪽은 저쪽'이라고 합니다. 그래서 언어습득이란 어떤 의미에서 세계를 가난하게 만드는 것입니다. 하지만 언어를 습득하지 않으면 인간은 도구를 제대로 조작할 수조차 없습니다. 아마 몸도 제대로 가누지 못할 겁니다. 동물의 경우라면 언어를 습득하지 않고서도 일정한 행동을 취할 수 있지만, 동물이 본능적으로 사물을 구별하고 분절하여 파악하는 반면, 인간은 언어습득과의 관계에서 세계를 다시 분절하는 '제2의 자연'을 만들어 내지 않으면 그 안에서 목적적인 행동을 취할 수 없습니다. 언어란 들뢰즈의 어휘를 사용하면 '제도'의 일종입니다.

목적적, 실리적으로 사물을 구별하고 행동하는 '제대로 된' 인간이 되어 가는 과정에서 경계를 넘어 여러 사물을 접속하는 상상력은 약해집니다.

그런데 없어지지는 않습니다. 상상력의 리좀적 전개와 언어적 분절성은 인간에게 병립되어 있습니다. 그래서 특히 예술을 교육할 때는 단순히 "이건 컵이니까"라든가 "저 사람은 나와는 전혀 다른 인생이니까"라든가 함으로써 떼어 놓지 않고, 여러 가지를 가까 이해서 화학반응을 일으키게 하는 그런 사고가 중요합니다. 대체로 인연이 먼 것이 사실은 분신처럼 이어진다고 생각해 보게 하는 것입니다. "예술이란 아이가 되는 것이다"라고 자주 말하지만, 정신분석적으로 보면 그것은 위와 같은 의미입니다.

현실계, 파악할 수 없는 '진짜배기'

그리고 세 번째인 현실계입니다.

이미지와 언어에 의해 인식이 성립되어 의미가 발생하지만, 완전히 의미화되기 전에 거기에 있을 뿐인 것이 현실계입니다. 현실계를 직접 마주할 수는 없어요. 그러한 '인식의 맞은편'이 있다고 만일 상정해 봅시다. 피곤하거나 해서 익숙한 것이 뭔지 잘 모르게 될 때는 그런 외부에 조금 더 다가가는 순간입니다. 그러나 보통 현실계를 마주하는 일은 없습니다.

그렇다면 의미 전의 현실계란 무엇일까요? 그것은 성장하기 전의, 그 원초적인 때입니다. 자극의 폭풍에 휩쓸리고 어머니의 변덕에 휘둘리던 불안의 때, 불안으로 인한 향락의 때입니다. 그것이 인식의 맞은편에 줄곧 있는 거죠.

여기서 라캉 이론의 변천에 대해 말씀드리겠습니다. "상상계에서 상징계 우위로"라는 이야기는 1950년대의 초기 라캉이고, 그 후 1960년대에는 현실계의 위상이 문제가 됩니다. 라캉은 1960년대 중기 이후 현실계를 중시하게 되었다고 기억해 주세요.

이것이야말로 갖고 싶었던 것이다,라고 뭔가 대상 a를 구하고, 손에 넣으면 환멸하는 것이 인생이라고 말씀을 드렸는데, 사람들은 항상 이것에서야말로 '진짜배기'를 요구하고 있는 것입니다. 이것이 '진짜배기'인가 싶어 뭔가＝대상 a를 얻어도, '진짜배기'는 또 멀어져 버립니다. **대상 a를 전전함으로써 도달할 수 없는 '진짜배기'＝X의 주위를 돌고 있는 것입니다. 이 X가 이미지도 언어도 할 수 없는 이른바 "말하기 어려운 저것"으로서의 현실계입니다.** 저 원초의 향락!

그것은 성장하고 인식이 성립되어 가는 과정에서 잃어버린 것입니다. 유소년기에 원초적인 만족을 상실했다는 것이 항상 세계의 그림자로서 남아 있는 것입니다.

라캉에 관해서는 이 정도로 이해한 후에 입문서를 읽고 비교하는 것이 좋겠습니다.

저의 연구에서 라캉 해석은 하라 가즈유키의 『라캉: 철학 공간의 엑소더스』와 무카이 마사아키의 『라캉 입문』에서 영향을 받았습니다.[69]

현재, 가장 먼저 읽으라고 추천하는 것은 가타오카 이치타케의 『질풍노도 정신분석 입문: 자크 라캉적 삶의 방식의 추천』[70]입니다. 이 저자는 실제로 정신분석을 실행하고 있으며, 정신분석 실천 모

---

69 原和之, 『ラカン: 哲学空間のエクソダス』, 講談社, 2002.; 向井雅明, 『ラカン入門』, 筑摩書房, 2016. 두 번째 책은 1988년에 출판된 것에서 3장을 수정하여 2016년에 문고판으로 나왔다.

습도 구체적으로 그려져 있습니다. 또 신세대의 라캉 연구자인 마쓰모토 다쿠야의 설명은 눈에 띄게 명석한 것으로, 『사람은 모두 망상한다: 자크 라캉과 감별진단의 사상』[71]은 필독서입니다. 이 책에는 색인이 있어 용어 사전처럼 사용할 수도 있습니다.

르장드르: 도그마 인류학

지금까지 인간은 과도한 존재이다, 인지 에너지를 남기고 있다는 것에서부터, 정신분석적인 인간상을 발달론적으로 설명했는데, 이번에는 이를 역방향에서, 즉 어른의 입장에서 살펴보겠습니다.

피에르 르장드르(1930~2023)라는 사상가를 소개합니다. 르장드르는 라캉파의 정신분석을 도입하면서 법의 역사에 관한 독자적인 이론을 세운 사람입니다. 르장드르는 자신의 이론을 '도그마 인류학'이라고 부릅니다.

도그마라는 말은 보통 좋은 의미로 쓰지 않습니다. 융통성 없는, 어떤 비판도 용납하지 않는 일방적 단정 같은 것을 도그마라고 하

---

70 片岡一竹, 『疾風怒濤精神分析入門: ジャック・ラカン的生き方のススメ』, 誠信書房, 2017.; 가타오카 이치타케, 임창석 옮김, 『라캉은 정신분석에 대해 이렇게 말했습니다』, 이학사, 2019.

71 松本卓也, 『人はみな妄想する: ジャック・ラカンと鑑別診断の思想』, 青土社, 2015.

니까요. 철학사에서도 "세계의 본질은 이렇다"라는 도그마적 = 독단적인 단정을 그만두고 인간이 어떤 식으로 파악하고 있는지를, 다시 말해 '인간의 OS'를 분석하자는 칸트의 철학으로 전환한 역사가 있고(그것이 철학에서의 근대화입니다), 우리는 칸트 이후에 있습니다. 칸트 이전의, 세계는 이렇다는 사변을 행하는 철학을 '독단적 형이상학'이라고 부릅니다(이 '독단적'이라는 것은 '도그마적'의 번역입니다). 그래서 이제 와서 도그마라는 말을 부활시키다니,라고 기묘한 느낌이 드는 것입니다. 르장드르는 일종의 보수적인 사람으로 사회 질서를 지키려는 사상의 소유자입니다. 그렇기 때문에 도그마 인류학은 세계의 진전으로부터 거리를 두고 현대적 욕망을 분석하는 데 도움이 되는 것입니다.

오늘날 우리는 사물을 일방적으로 단정하는 것이 아니라 합리적·이성적으로 설명하고 합의 형성을 통해 세상을 운영하고 있다고 생각합니다. 하지만 정말 그럴까요?

사실 오늘날, 즉 근대 이후의 계몽된 세계에서도 근본적으로는 절대로 이래야 한다는 '이견을 용납하지 않는 일방적 단정'이 여럿 있고, 그것으로 사회는 어떻게든 성립되어 있습니다. 그것이 도그마 인류학에 의해 보이게 됩니다.

이것은 사실상 원리적인 이야기입니다. 예를 들어 A라는 주장을 한다면, 거기에는 이유 a가 있다고 말하는 겁니다. 그에 대해 비판이 일어나면 그 이유 a를 더 근거 짓는, 더 파고든 이유 b를 말하지 않을 수 없게 됩니다. 이유 b는 '이유의 이유'죠. 그런데 비판이 한층 더 계속되면, 이유의 이유의 이유……라는 파고들기에는 끝이 없습니다. 원리적으로는 무한히 계속됩니다. 이것을 저의 『공부의 철학』 에서는 아이러니라고 불렀습니다.

하지만 현실에서는 비판이나 반론은 어느 곳에선가 멈출 수밖에 없습니다. 시간에 한계가 있기 때문입니다. 그러면 **어떤 단계에서, 사실상 거기서 막다른 골목인 "이러니까 이렇다"라고 말할 수밖에 없는 명제에 봉착하게** 됩니다. 원리적으로는 더 거슬러 올라가지만, 거기서 '화해에 도달할' 수밖에 없게 됩니다.[72] 그 명제를 도그마라고 부르는 거죠.

이러니까 이렇다, 하는 어쩔 수 없음은 모든 사람이 개인적으로 경험하고 있습니다. 그것은 곧 성장하는 과정에서의 거세입니다. 어머니에게서 떨어져 사물을 분리하게 됩니다. 이름이란 도그마입니다. 자기 마음대로 사물에 이름을 붙일 수는 없어요. "이것은 이렇게 부르는 것이다"라고 지정되어 있고, 또 그 이름에는 결국 근거가 없습니다. 그것과 관련되어, 예를 들어 "숟가락은 이렇게 사용하라"라거나 "음식을 가지고 놀면 안 된다"라거나 여러 가지 훈육, 꾸짖기가 이뤄집니다. 그래서 아이는 다소 거스른다고 해도 따를 수밖에 없습니다. 싫어하지만 강제되는 거죠.

아이가 아직 혼자서는 살 수 없는 단계이고 분명히 힘의 차이가 있는 상황에서 제한이 부과됩니다. 그래서 화장실은 이렇게 쓴다든지 아침에 일어나면 옷을 갈아입는다든지 일정한 생활 루틴이 만들

---

72 원문은 '수타로 한다手打ちにする'인데, 불화를 털어 내고 화해하는 것, 이해관계가 일치하지 않는 상대와 합의에 도달하는 것, 계약이 성립하는 것 등을 의미하는 관용표현이다.

어집니다. 즉, 거세에 의해 질서가 조립되는 것입니다.

왜 그러는지 일일이 그야말로 '리버럴'하게 설명하려 해도 끝이 없을 것입니다. 인간 생활의 근본에는 비합리적인 루틴이 있고, 그 것이 이른 시기에 성립되기 때문에 나중에 목적적인 행동을 취할 수 있게 되는 것입니다.

의례에 의한 유한화

루틴 작성으로서의 질서화, 그것은 인간이 '본능으로 움직이는 동물이 다시 되는 것'이라고도 할 수 있습니다. 동물의 경우, 아무것도 강제되지 않아도 처음부터 정해진 행동을 취할 수 있지만, 인간의 경우에는 외부로부터의 '구축'이 필요한 것입니다. 제2의 자연을 만드는 것입니다.

인간은 루틴을 복잡화해 갔습니다. 학교에서 교복을 입는다든가 교실에서는 선생님의 이야기를 잠자코 듣는다든가, 체육 시간에 나란히 줄을 선다든가, 다 같이 행진한다든가, 음악 시간에 다 같이 똑같은 노래를 부른다든가, 우리는 왠지 해야 할 것 같은 그런 공통 행동을 하게 되고, 그것을 마지못해 받아들입니다. 게다가 그런 것을 그냥 싫다고 생각하는 것이 아니라, 예를 들어 합창 콩쿠르에서 일사불란한 퍼포먼스를 하는 것에 청춘의 감동을 느끼기도 합니다.

이곳은 푸코가 규율 훈련이라는 개념에 의해 비판적으로 문제 삼은 지점입니다. 하지만 지금은 그것의 긍정적인 면을 말하려고 합니다.

사람은 규율 훈련을 요구합니다. 왜 그럴까요? 인지 에너지가 넘쳐서 어떻게 해야 할지 모르는 상태는 불쾌하고, 거기에 제약을 걸어 자신을 안정시키는 것에 쾌가 있기 때문입니다. 그러나 한편으로는 규칙에서 벗어나 에너지를 폭발시키고 싶을 때도 있습니다.

예를 들어 폭주족은 규칙을 어기고 마구 날뜁니다. 그런데 폭주족에게는 엄격한 상하관계가 있기도 합니다. 그래서 에너지를 해방하는 방향과 에너지를 제한하고 유한화하는 방향을 모두 볼 수 있습니다. 이것은 인간의 모든 조직적 활동에 대해 말할 수 있으며, 또 개인적으로 생활을 다스릴 때도 그렇습니다.

여기서 '의례儀禮'라는 키워드를 꺼내 보겠습니다. 아니면 '의식儀式'도 좋지만, 의례가 더 추상적이죠. 루틴이란 의례입니다. 왜 그런 일을 하고 있는지 그 근본 이유를 설명할 수 없는, 단지 도그마적일 수밖에 없는 일련의 행위나 말의 집합set을 가리킵니다.

인간은 과잉의 존재이며 일탈로 향하는 충동도 있지만, 의례적으로 자신을 유한화함으로써 안심하고 쾌를 얻고 있다는 이중성이 있습니다. 그 딜레마가 바로 인간 드라마인 셈이죠. 어떤 일이든 에너지의 해방과 유한화의 이중 프로세스가 일어나고 있는 의례라고 하는 시각을 취함으로써, 패션에서도 예능에서도 정치에서도, 여러 가지를 메타로 분석할 수 있게 됩니다(이러한 견해는 문화인류학적인 것이라고 말할 수 있겠지요). 그리고 의례란 거세의 반복이라고 할 수 있습니다.

부정신학 비판

어머니가 사라질 때가 있다는 결여의 각인을 거쳐 그 영원히 메워지지 않는 결여를 메우기 위해 인간은 여러 시도를 하는데, 이 라캉적 결여의 철학은 현대사상에서 종종 비판을 받았습니다.

그렇다고는 해도, 여기도 이야기는 복잡한데요, 포착할 수 없는 '진짜배기'=X라는 것은 실은 데리다나 들뢰즈에게도 있었다고 할 수 있고, 동시에 거기에서 벗어나는 운동도 그들 속에는 있었습니다. 이 포착할 수 없는 X란 이항대립을 벗어나는 무엇, 회색이고 이른바 말하기 어려운 것입니다. 인간은 어떻게든 그것을 포착하기 위해 새로운 이항대립을 설정하고, 하지만 또 놓치고…… 하는 식으로 살아갑니다.

이러한 X로 견인되는 구조에 대해 일본의 현대사상에서는 '부정신학적'이라고 말합니다. 부정신학이란 "신이란 무엇이다"라고 적극적으로 특징짓는 것이 아니라 신을 "신은 무엇이 아니고, 또 무엇도 아니고……"라고, 결코 포착할 수 없는 절대적인 것으로서, 무한히 먼 것으로서 부정적으로 정의하는 신학입니다. 신에 대한 이런 정의와 이 X의 존재 방식은 비슷합니다. 우리는 부정신학적인 X를 계속 따라가다 실패하기를 반복하며 살아가는 셈입니다.

칸트까지 거슬러 올라간다면 부정신학적인 X는 '물자체'에 해당한다고 볼 수 있습니다.

칸트에 대해서는 4장에서 소개했습니다. 칸트는 인간이 경험하는 것은 현상이고, 현상은 감각적인 입력input과 개념의 조합으로 이루어져 있고, 그 맞은편에 진짜 물자체가 있는데, 물자체에는 접근할 수 없다는 도식을 『순수 이성 비판』에서 제시했습니다. 이것이 라캉의 세 가지 계界와 대체로 대응하는 것입니다.

칸트가 현상이라고 부르는 것은 상상계와 상징계의 조합입니다. 인간은 이미지(감성)와 언어(오성)에 의해 세계를 현상으로서 파악합니다. 그러나 그 맞은편에 현실계(물자체)가 있으며 그것에는 접근할 수 없습니다. 그럼에도 불구하고 그것에 접속하려고 하면 계속 실패합니다.

이 파악할 수 없는 것을 파악하려고 하고 계속 실패하는 인간이라는 '공회전적 인간상' 같은 것이 성립한 것이 근대입니다. 해도 해도 끝이 없다는 무한성. 이것은 예를 들어 카프카Franz Kafka 소설을 떠올리면 좋을 것입니다. 끝없는 사무 절차에 휘말려, 결말이 나지 않는 미궁 같은 곳으로 헤매어 들어가는…… 그런 세계관입니다. 카프카는 그것을 과장적이고 우스꽝스러운 것으로 묘사했습니다.

이러한 근대적 인간의 존재 방식을 보여 준 것이 푸코의 『말과 사물』이었습니다. 4장에서 설명했지만, 다시 한번 다른 방식으로 말하겠습니다.

푸코에 따르면 근대 전에 인간의 사고는 무한히 수수께끼를 파고드는 것이 아니었습니다. 우선 신의 질서가 흔들리지 않았고, 신은 어쨌든 무한한 존재이며, 신이 만든 세계는 구석구석에 이르기까지 모두 질서 정연하며, 인간은 그 안에 포함되어 있습니다. 인간은 신에는 미치지 못하는 유한한 것이므로 자신이 아는 범위에서 세계의 질서를 가능한 한 발견하려고 합니다. 인간은 유한하며, 유한하게 할 수 있는 일을 할 수밖에 없었습니다.

그러나 그 이후 유한성의 의미가 바뀝니다. 신에 비해 인간이 유한하다는 것이 아니라, 인간 자신에게 한계가 있기 때문에 세계에는 보이지 않는 바가 있다는 자기분석적 사고가 일어납니다. 인간이 알고 있는 것의 배후에는 뭔가 보이지 않는 것, 어두운 것이 있고, 인간은 그것을 향해 돌진해 가는 것이라는 인간상이 되어 갑니다.

부정신학이라는 표현으로 근현대의 사상을 포착한 것은 아즈마 히로키의 『존재론적, 우편적』입니다. 아즈마에게서 '부정신학 시스템'의 대표로 간주되는 것이 라캉의 이론입니다. 라캉에게서 현실계가 인식에서 계속 벗어나 있다는 것이 부정신학 시스템의 가장 분명한 예입니다. 아즈마는 그것과 동등한 것이 데리다의 초기에도 있다고 한 다음, 데리다는 나중에 거기에서 이탈하는 방향으로 향했다는 독해를 보여 주었습니다. 또 동시대의 들뢰즈 등에서도 비슷한 전개를 볼 수 있다고 합니다.

어떻게 부정신학 시스템에서 벗어날 것인가에 대한 고찰을 '부정신학 비판'이라고 부르기로 하겠습니다. 이것이 문제가 된 것이 일본 현대사상의 특징입니다.

그 전제에 있는 것은 푸코의 『말과 사물』입니다. 부정신학 시스템이란 사물 '그 자체'에 도달하고 싶어도 할 수 없다는 근대적 유한성의 다른 이름입니다.

그러나 어떻게 하면 근대적 유한성에서 벗어날 수 있을까요?

아즈마가 데리다에서 그것을 어떻게 논했는지는, 매우 전율을 안겨 주는 『존재론적, 우편적』을 꼭 읽어 주었으면 합니다만, 7장에서 조금 언급합시다(실제로 읽는 것이 재미없어지지 않을 정도로).

여기서는 들뢰즈+가타리의 경우에 대해 제 나름대로 해석을 해 두겠습니다.

들뢰즈+가타리는 가족의 수수께끼를 추구하는 것이 아니라 그림을 그리든 사회 활동이든 뭐든 구체적으로 행동을 해 보라고 격려하는 사상이라고 설명했는데, 거기서 중요한 것은 그것이 무한한 X를 향해 가는, 항상 욕구불만의 활동으로서 행해지는 것이 아니라 다양한 활동들이 제각각 유한하게, 나름대로 만족을 주는, 나름대로 완결되는 것이라는 점입니다. 무한한 부채를 지고, 갚을 수 없는 것들을 위해 비극적인 인생을 사는 것이 아니라 여러 가지 사항을 "그것은 그것"이라며 절단하고 나름대로 과제task를 완료해 나갑니다. 들뢰즈+가타리는 그런 홀가분한 인생을 권장하고 있다고 저는 생각합니다. 말하자면 유한한 희극입니다.

하나의 X를 둘러싼 인생이란 이른바 단수적인 비극이지만, 그렇지 않고 **인생의 모습을 좀 더 복수적으로 만들어, 각자 자율적인 기쁨을 인정하자**는 것입니다. 나중에 설명하겠지만 아즈마는 단수의 X에서 "복수적인 초월론성으로"라는 전환을 데리다에게서 강조했습니다.

이처럼 **무한의 수수께끼로 향해 가는 것이 아니라 유한한 행위를 하나하나 해낸다는 방향성**은 어떤 의미에서, 근대 이전에 새로운 가치를 부여하는 것이라고 할 수 있습니다. 푸코가 말년에 고대에서 발견한 것 같은 자기와의 관계 방식이 이것에 이어집니다.

그리고 상급 편으로 말하자면 사실 라캉은 후기에 이르면, 공회전적 인간상이라기보다는 들뢰즈+가타리에 가까운 입장으로 향했습니다. 외관상의 대상 a를 찾아서는 환멸하는 것을 반복하고 있다는 것을 자각할 뿐 아니라, 그 자각에 의해서도 결국 사라지지 않는 근본적인 향락을 찾아내고 향락적인 것으로서의, 거기에 자신의 존재가 걸려 있는 것 같은 '증상'을 사회생활과 양립시켜 잘 꾸려 나갈 수 있도록 한다는 정신분석이 되어 갑니다. 그 사람의 특이성 — 앞의 말을 따르면 '존재의 편향[치우쳐져 있음, 편중]' — 인 것 같은 증상을 라캉은 '생톰sinthome'이라고 부릅니다. 생톰에 대해서는 앞서 언급한 마쓰모토 다쿠야의 『사람은 모두 망상한다』를 참조해 주세요.

현대사상을
만드는 방법

Jacques Derrida
Gilles Deleuze
Michel Foucault
Friedrich Nietzsche
Sigmund Freud
Karl Marx
Jacques Lacan
Pierre Legendre
Emmanuel Levinas
Catherine Malabou
Quentin Meillassoux
Graham Harman
François Laruelle

새로운 현대사상가가 되기 위해

지금까지 프랑스 현대사상에 대해 포스트구조주의의 대표자인 데리다, 들뢰즈, 푸코를 중심으로, 정신분석과의 관계도 포함하여 설명했습니다. 이것으로 현대사상의 기본적인 이미지는 파악할 수 있었을 것이라고 생각합니다.

이제부터는 21세기에 들어선 최근의 전개, 포스트구조주의 이후라서 '포스트-포스트구조주의'라고 부를 수 있는 전개에 대해서도 조금 설명하고 싶습니다. 그래서 카트린 말라부Catherine Malabou나 퀑탱 메이야수라는 신세대 사상가를 소개하는데, 그 전에 제 나름의 총정리로서 지금까지 소개한 프랑스 현대사상의 면면이 어떤 식으로 이론을 조립하고 있는지, 이른바 '프랑스 현대사상을 만드는 방법'에 대해서 굳이 도식적으로 생각해 보고 싶습니다.

그것을 설명함으로써 독자 여러분은 현대사상을 바탕으로 새로운 문제 제기를 할 수 있을지도 모릅니다. 즉, 스스로 현대사상적으로 질문을 던지기 위한 원리, 더 대담하게 말하면 새로운 현대사상가가 되기 위한 원리를 설명하고자 합니다. 아마 이런 형태로 현대사상을 설명하는 입문서는 따로 없을 것입니다.

참고로 이 설명은 전에 히토쓰바시대학에서 행해진 철학의 방법론에 관한 심포지엄(제19회 히토쓰바시대학 철학·사회사상학회 심포지엄 '철학 연구의 비교: 방법·평가·교육의 관점에서')에서 발표한 것을 토대로 하고 있습니다. 그 모임은 분석철학, 철학사, 현대사상과 각 분야의 전문가가 그 방법적 특징을 설명하는 것으로, 거기서 저는 「프랑스 현대사상에서 논의의 신규성新規性이란 무엇인가」라는 제목으로 발표했습니다.

예를 들어 데리다가 등장했을 때 그는 어떻게 자신의 작업을 새로운 것으로 제시했을까요? 게다가 나중에 설명하듯이 말라부는 데리다의 제자인데, 자신을 데리다와 어떻게 차별화하려고 했을까요? 그렇지 않아도 참신한 이론가로 나온 데리다에게 말라부가 더 나아가 자신의 신규성을 주장하다니 도대체 어떻게 한 것일까요?

신규성이라든가 차별화 같은 표현은 비즈니스 비슷한 표현 businesslike[73]이라서 그다지 좋지 않을 수도 있지만, 그렇다고 해도 자신에게는 다른 사람과는 다른 독자성이 있다고 주장하지 않으면 학자로서 살아갈 수 없으며, 거기에는 비즈니스적인 부분이 실제로

---

73 원래 businesslike는 '업무에 충실한, 효율적인, 활기찬, 사무적인, 업무적인'이라는 의미를 지니지만, 저자는 이런 뉘앙스보다는 '비즈니스 친화적'이라는 의미를 담고 싶어 하는 것 같다.

있는 것입니다.

현대사상을 만드는 네 가지 원칙

제 가설인데요, 프랑스 현대사상을 어떻게 만들 것인가 할 때, 세 가지 혹은 네 가지 원칙을 세울 수 있다고 생각합니다. 바로 ① 타자성의 원칙, ② 초월론성의 원칙, ③ 극단화의 원칙, ④ 반상식의 원칙입니다. 네 번째는 약간 덧붙일 수도 있어요.

순서대로 설명하겠습니다.

① **타자성의 원칙:** 기본적으로 현대사상에서 새로운 작업이 등장할 때는 우선 **그 시점에서 전제가 되는 앞 시대의 사상, 선행하는 큰 이론 혹은 시스템에서 어떠한 타자성이 배제되어 있다, 누락되어 있다는 것을 발견하는** 것입니다. 그때까지의 전제로부터 배제되고 있는 무엇인가의 X가 있다고 합니다. 이렇게 말하면 품격이 없는 표현이지만, '타자 찾기'를 하는 거죠. 자세한 내용은 나중에 구체적인 예로 설명하겠습니다.

② **초월론성의 원칙:** 넓은 의미에서 '초월론적'이라고 할 수 있는 논의의 수준을 상정합니다. 이것은 '근본적인 전제의 수준' 정도로 생각하면 됩니다. 4장에서 설명했듯이 초월론적인 것이란 칸트의 개념입니다. 복습합시다. 칸트는 인간이 사물을 인식하고 사고할 때의 전제로서, 인간의 정신에는 어떤 시스템, 말하자면 OS(운영체제)가 있고 그것에 의해 정보를 처리한다는 것을 『순수 이성 비판』

에서 논했습니다. 그 OS를 칸트는 '초월론적'이라고 형용했습니다. 칸트에게서의 이 의미를 바탕으로 무언가 어떤 사항을 성립시키고 있는 전제를 시스템적으로 상정할 때, 그것을 초월론적인 것이라고 부르는 것입니다.

현대사상에서는 선행하는 이론에 대해 더 근본적으로 파고든 초월론적인 것을 제시한다는 형태로 새로운 논의를 세우는데, 그 파고들기는 첫 번째인 '타자성의 원칙'에 의해서 이루어집니다. **선행하는 이론에서는 어떤 타자성 X가 배제되어 있다, 고로 타자성 X를 배제하지 않는 더 근본적인 초월론적 수준＝전제를 제시한다**는 식으로 새로운 이론을 만드는 것입니다.

③ **극단화의 원칙**: 이것은 특히 프랑스적 특징이라고 할 수 있는데, 현대사상에서는 종종 새로운 주장을 어쨌든 극단으로까지 밀고 나갑니다. 주장의 핵은 배제되어 있던 타자성과 마주하는 것인데, 그것을 매우 극단적인 형태로 제시합니다. **배제되었던 타자성 X가 극단화된 상태로서 새로운 초월론적 수준을 설정하는** 것입니다.

④ **반상식의 원칙**: 그렇게 모종의 타자성을 극단화함으로써 상식적 세계관과 부딪히는, 다소 받아들이기 어려운 귀결이 나옵니다. 그러나 그것이야말로 사실상 상식의 세계의 배후에 있다, 아니 오히려 상식의 세계는 그 반상식에 의해 지탱되는 것이다, **반상식적인 것이 초월론적인 전제로서 있는 것이다**라고 하는 전도에 이릅니다.

데리다 : 원-에크리튀르

이를 바탕으로 구체적으로 설명해 보겠습니다. 일단 데리다입니다.

데리다의 경우, 선행하는 것이 말하고 있는 것에 대해, 말하자면 '대세에 역행'을 하는 것입니다.[74] 여기서 선행하는 것이란 한쪽이 우위, 다른 쪽이 열위로 여겨지는 이항대립으로 조립된 사고입니다. 가능한 한 열위 쪽을 배제하고 우위 쪽에서 사물을 조립해 나가는 사고, 플러스를 늘려 가는 것을 목표로 하는 사고입니다. 데리다는 그것에 대해 플러스와 마이너스의 구별이 정말 일관되게 성립하는가? 라는 의문을 던집니다. 그때 오히려 마이너스 쪽에 주목합니다. 그래서 '역행하기'인 거죠. 이것이 탈구축이었습니다. 그래서 배제되었던 것은 '에크리튀르'라는 개념으로 일컬어지는 타자성입니다.

1장의 반복인데요, 에크리튀르란 진리로부터 멀어지고 어긋나 오해를 받는 것을 말하는데, 대부분의 경우 어긋남이나 오해를 없애고 진리에 접근하는 것이 목표인 셈입니다. 하지만 아무리 노력해도 우리는 어긋남이나 오해, 즉 차이를 배제할 수 없습니다. 그러면, 그럼에도 불구하고, 그것을 배제할 수 있는 것처럼 무리無理를 말하고 있는 것입니다.

이처럼 **사실상 세계는 근본적으로는 에크리튀르적 차이가 도처**

---

74 원문은 "「逆張り」をする", 즉 경제용어인 "'역추세 매매'를 한다"는 뜻이다. 시세가 좋을 때는 팔고 시세가 나쁠 때는 사들이는 것을 가리키는데, 오히려 정반대로 행동한다, 거꾸로 한다는 의미로 '(대세에) 역행한다'로 간단하게 번역한다.

에 있는데도 이를 부인하고 있다는 것을 세계의 초월론적 전제로서 발견합니다. 그리고 그것은 도처에 있는 것이다,라는 형태로 극단화합니다.

데리다는 파롤(말하는 말)과 에크리튀르(글로 쓰인 것)를 대립시켜 사람들이 파롤적이라고, 즉 진리에 가깝다고 간주하는 것이더라도 결코 순수한 진리일 수 없고, 항상 거기에는 어긋남이나 오해의 가능성이 있다, 즉 모든 것에는 '원原-에크리튀르'라는 면이 있다고 합니다.

그러면 대부분의 경우 모든 것을 진리에 가까운 관계로 만들고 싶은 강한 욕망이 작동하는데, 그것에 대해 어긋남이나 오해, 나아가 거짓이나 허위 없이는 할 수 없다는 것을 받아들이고 다소 탁한 물에서 살아가는 것이야말로 오히려 윤리적이라는 반상식적 귀결이 나오게 됩니다.

들뢰즈: 차이 그 자체로

이어서 들뢰즈입니다.

들뢰즈의 경우 선행하는 것은 사물이 동일성을 가지며 이것은 이런 것이다,라고 정해져 있는 세계입니다. 거기에 플러스/마이너스에 의해서 위계화되어 있다는 특징을 추가하면 데리다와 비슷해지네요.

거기에서 배제되고 있는 것은, 데리다와 공통되는 것인데요, 어굿남, 차이, 생성변화입니다. 그리고 그러한 동일성의 붕괴야말로 세계의 초월론적인 조건이라고 합니다. 게다가 그것을 극단화하여 **동일한 A와 B 사이의 차이가 아니라 '차이 그 자체'가 세계를 만들고 있는 것이다,라는 존재론이 나오게** 됩니다.

데리다의 경우는 극단화에 의해서 원-에크리튀르, 들뢰즈의 경우는 극단화에 의해서 차이 그 자체에 이르는 것입니다(데리다의 '원-에크리튀르'와 들뢰즈의 '차이' 그 자체는 거의 같은 개념이라고 할 수 있습니다).

레비나스: 존재하는 것과는 다른 방식으로

1장에서 데리다와 비교한 에마뉘엘 레비나스의 철학도 언급해 두겠습니다. 프랑스 현대사상의 도식은 레비나스에서 가장 명확할지도 모릅니다.

레비나스도 크게 말해서 차이의 철학을 제시한 사람이지만. 차이보다는 '타자'라는 키워드로 알려져 있습니다. 레비나스의 철학은 '타자의 철학'입니다. 참고로 보충해 두면 레비나스라고 하면 타자지,라고 너무도 많이 얘기하기에, 그야말로 역행하는 것처럼, 최근 연구자들은 레비나스의 그렇지 않은 측면을 조명하는 해석을 내놓게 되었습니다. 그렇다고는 해도, 그것은 상급 편 이야기로, 우선은 레비나스라고 하면 타자라고 짚어 두면 좋다고 생각합니다.

레비나스는 리투아니아 출신의 유대인 철학자입니다. 모국어는 프랑스어가 아니지만 프랑스에 살았고 프랑스어로 철학을 했습니다. 그래서 그가 사용하는 프랑스어는 좀 독특한 면이 있어요. 레비나스의 주저는 『전체성과 무한』(1961)으로, 내용이 매우 풍부하지만 여기서는 그 거시적인 입장에만 주목합니다. 그것은 **철학사는 타자의 문제를 배제해 왔다, 그래서 타자 쪽으로 향하는 철학을 생각해야 된다**는 입장입니다.

가장 큰 가상의 적은 하이데거Martin Heidegger의 존재론입니다. 하이데거는 사물이 단지 '있다'라는, 그 '존재 그 자체'를 어떻게 사고하는가,라는 극단적으로 기초적이고, 지극히 전개가 어려운 문제에 집중한 사람입니다. 그런 의미에서 하이데거는 철학사의 극치인데, 하이데거는 한때 나치에 가담했던 사실이 있고, 그것과의 관계에서 하이데거 존재론, 나아가 서양철학사의 행로 전체가 띠고 있는 모종의 위험성을 유대인인 레비나스는 고발하게 됩니다(레비나스는 프랑스군에 속해 독일에 포로로 잡혔지만, 그 때문에 절멸수용소로 보내지는 것을 면했습니다).

존재론은 철학의 극치이고, 존재하는 것 자체를 생각하는 데까지 도달하면 그것 이상의 근본은 생각할 수 없다는 느낌이 들잖아요. 하지만 레비나스는 거기에서 여전히 타자가 배제되어 있다고 말합니다. 그것은 모두 '그저 있다'는 근본적인 공통 지평에 모든 존재자가 올려 놓아짐으로써 추상적인 의미에서의 공동성 속으로 모든 것이 회수(환원)되어 버리기 때문입니다. 그로부터 벗어날 방법術이 더는 없을 것 같은 강제적인 지평에 모든 것이 실리고 만다, 이것과 파시즘이 연결된다는 얘기입니다. 그것은 존재론적 파시즘이라고 해야 할 것입니다.

물론 이것은 지극히 추상적인 의미에서의 얘기입니다. 다만 **철학자들이 대단한 것은 이러한 초超추상적인 수준에서의 정치성을 생각한다는 점입니다. 존재론이라는 극단적 추상성에 저항하는, 근본적인radical 의미에서의 타자성을 생각해야 합니다.** 그래서 레비나스는 존재로부터 시작하는 것이 아니라 타자와의 마주침, 타자와의 거리로부터 모든 것을 다시 시작해야 한다는 입장을 취합니다. 레비나스는 '무한'한 타자를 초월론적 차원에 둡니다. 이것은 하나의 극단화입니다. 타자를 '무한'으로 파악하고, 그리고 존재의 지평을 '전체성'으로 파악하는 것입니다.

이것은 매우 강력한 이항대립입니다. 이에 반해 데리다는 순수하게 절대적인 타자성이란 있을 수 없고, 타자성은 동일성으로 회수〔환원〕되는 운동과의 긴장 관계에서만 물을 수 있다는 탈구축적 개입을 하게 됩니다. 이것은 『에크리튀르와 차이』라는 데리다의 논문집에 들어 있는 레비나스론 「폭력과 형이상학」입니다.[75]

그 후 레비나스는 또 하나의 대작에서 유난히 대담한 키워드를 꺼냅니다. 그것은 책 제목인데, "존재하는 것과는 다른 식으로"라

---

75 Jacques Derrida, "Violence et métaphysique: Essai sur la pensée d'Emmanuel Levinas", *L'écriture et la différence*, Éditions du Seuil, 1967, pp.117-228. ; translated, with an introd. and additional notes by Alan Bass, "Violence and metaphysics: An essay on the thought of Emmanuel Levinas", *Writing and Difference*, Routledge & Kegan Paul Ltd, 1978, pp.97-192. ; 자크 데리다, 남수인 옮김, 「폭력과 형이상학: 엠마뉴엘 레비나스의 사유에 관한 에세이」, 『글쓰기와 차이』, 동문선, 2001, 129-246쪽.

는 것입니다. 프랑스어로는 Autrement qu'être, 영어로는 Otherwise than being입니다. 『존재하는 것과는 다른 식으로, 혹은 존재하는 것의 저편으로』(1974)라는 저작입니다.[76]

존재라는 초추상적인 전체성의 지평으로부터 여전히 벗어나는 듯한 타자 — 들뢰즈적으로 말하면, 존재의 전체성으로부터 도주선을 긋는 것 — 를 생각했을 때, 그 타자는 도대체 어떻게 '있는지'를 질문합니다. 그것은 더 이상 '있다'라고 말할 수 없습니다. 왜냐하면 '있다'라고 말해 버리면 곧바로 존재론으로 되돌아가게 되기 때문입니다.

그래서 말이 무리無理를 하게 할 필요가 있습니다. 뭐랄까, 이럴 때 말이 무리를 하게 하는 것이 철학자의 재미있는 점입니다. '있다'라는 것은 우리에게 근본적이지만, 이로부터 벗어나는 것을 가까스로 해내기 위해서, 존재한다는 것은 '다른 식으로' '다른 모양으로'라는 식으로, **이제 부사어로만 말할 수 있다는 것**을 말하려고 하는 거죠. 그 결과 "존재하는 것과는 다른 식으로"에서 멈춘다는 무리가 있는〔억지스러운〕표현이 만들어졌습니다.

이렇게 말하면 틀린 것이지만, 말하자면 '대안적인 존재' 같은 것이기는 합니다. 하지만 그것을 대안적인 존재라고 말해 버리면 존재론으로 회수〔환원〕되어 버리기 때문에 안 되고, '다른 식으로'라고 말할 수밖에 없습니다.

76 Emmanuel Lévinas, *Autrement qu'être ou au-delà de l'essence*, Le Livre de Poche, 1990. ; 에마뉘엘 레비나스, 문성원 옮김, 『존재와는 달리 또는 존재성을 넘어』, 그린비, 2021.

이렇게 되면 철학은 대부분 시詩가 하려고 하는 것 같은, 상식적인 말로는 표현할 수 없는 것을 표현하는 영역으로 진입합니다. 다만 그것은 단순히 애매한 이미지 같은 것이 아니라 확실하게 하나의 논리에 의해 도출된 개념으로서의 표현입니다. 통상적인 말의 용법으로는 표현할 수 없는 추상성의 개념입니다. **여기가 철학이 수학과는 다른 식으로 도달하는 독특한 추상성의 세계입니다.** 엄밀히 논리적으로 확정된 개념인데도 그것을 표현하려면 말에 무리를 줘야 한다는 게 있습니다.

그런 셈이어서, 짧기는 하지만 이 책에서 레비나스에 대한 소개는 이쯤에서 멈추겠습니다.

네 가지 원칙의 연계

지금 세 사람의 소개로 네 가지 원칙이 실제로 어떻게 적용되는지 대략 이해할 수 있었을까요? 이런 식으로 정리해 보죠.

① 선행하는 논의는 안정적인 것으로서 구조 S1을 나타내지만, 거기에는 타자성 X가 음으로 양으로 배제되어 있다. 먼저 이를 깨닫는다. (타자성의 원칙)

② 이로부터 S1은 사실상 근본적인 구조가 아니라는 문제 제기로 향한다. S1은 근본적이지 않았기 때문에 X를 배제할 수밖에 없었다. 그래서 S1을 조건 짓는 구조 S2를 생각한다. S2에서 비로소 X가 긍정된다. (초월론성의 원칙)

③ S₁에게 X는 종속적, 부수적이었다. 하지만 이제 X가 극단화되어 X야말로 원리가 되는 S₂를 생각하고, 그것이 S₁을 조건 지을 것이라고 생각한다. S₂를 정식화하기 위해 관례를 깨고 새로운 개념을 만들기도 한다. (극단화의 원칙)

④ S₂를 전면에 내세우면 상식과 어긋나는 귀결을 낳는다. (반상식의 원칙)

포스트-포스트구조주의로의 전개

지금부터는 더 현대적인 전개에 대해 설명하겠습니다. '포스트-포스트구조주의'라고 할 수 있는 단계입니다. 대표적인 두 사람으로 카트린 말라부(1959~)와 퀑탱 메이야수(1967~)를 다뤄 봅시다.

포스트구조주의는 여러 이항대립을 탈구축하는 한편, 동일성과 차이라는 더 큰 이항대립을 설정하여 차이 쪽을 지지하는 것이었습니다. 그러나 이 책에서 강조해 온 것은 그 동일성과 차이의 큰 이항대립에도 더욱 탈구축이 작동되고 있으며, 반드시 '차이 만세'인 것이 아니라 차이와 '가고정적 동일성'의 공존이 사실상 문제가 되고 있다는 것입니다. 하지만 그렇게 읽지 않는 사람도 있어요. 어느 쪽이냐 하면 "차이 만세였기 때문에 글러 먹었다"라는 식으로 비판하는 사람도 있습니다.

21세기에 들어서 서양에서의 포스트-포스트구조주의 전개는 포

스트구조주의적 동일성과 차이의 이항대립을 더욱 탈구축하는 형태로 전개되어 가는 것이라고 할 수 있습니다. 하지만 제 생각에 일본 현대사상에는 선구적으로 그러한 문제의식이 있었고 독자적인 전개를 수행했습니다. 다만 서양 사람들은 그 문맥을 모르고, 그것과는 별도로 또 다른 탈구축을 추진하고 있다는 것입니다.

말라부: 형태의 가소성

이 말에는 반감을 가질 수도 있겠지만 포스트구조주의의 단계를 설명하기 위해서는 역시 '대세에 역행하기'라는 말이 편리합니다. 지금까지의 현대사상에서 주목받아 온 "차이 쪽으로"라는 방향 설정을 역행하는 것입니다. 즉, 동일성 쪽에 어떤 긍정적인 의미를 갖게 한다는 것입니다. 다만, 그것은 차이가 중요하지 않다고 말하려는 것이 아니라, 차이의 사고를 더 밀고 나가기 위해 동일성 쪽에 다시 한번 주의를 기울이는 전개를 취하는 것입니다.

그 도식이 가장 명확하게 나와 있는 것이 말라부일 것입니다. 말라부는 데리다의 지도로 헤겔에 관한 박사논문을 쓴 사람으로, 말라부에게 주요 선행 논의는 데리다입니다. 데리다에게는 모든 것은 에크리튀르적이며 계속 어긋나고 있으며, '차이의 운동이다'라는 것이 전제이며, 그것에 대해서 오히려 동일성을 가지는 것, 말라부의 경우 그것을 '형태forme'라고 합니다만, 형태 개념을 재차 중시할 필요가 있다는 식으로 역행하는 것입니다.

이것은 제 해석으로는 동일성 쪽으로 다시 약간 기우는 것 같아요. 하지만 그렇다고 해서 동일성이야말로 중요하다는 것이 아니고 '형태를 가지면서의 변화'를 말하려고 하는 것입니다.

말라부는 바로 그것이 데리다나 들뢰즈 세대의 논의보다 근본적인 초월론적 구조라는 식으로 논의를 전개합니다. 그리고 거기서 **"모든 것은 가고정적으로 형태를 가지면서도 차이화하고 변화해 간다"라는 유형의 차이 개념**을 제출하게 되고, 그것을 '가소성 plasticité, 플라스티시테'이라고 부르게 됩니다. 가소성可塑性 개념에 대해서는 『우리의 뇌를 어떻게 할 것인가: 뉴로사이언스와 글로벌 자본주의』(2004)[77]를 통해 쉽게 알 수 있다고 생각합니다. 다른 저작에서도 이 개념을 항상 염두에 두고 있습니다.

본서 전체를 통해서 동일성과 차이가 큰 이항대립 자체의 탈구축이라고 함으로써 '가고정적인'이라는 말을 잘 사용하려고 했습니다만, 그것은 원래 저의 체질적인 발상인 동시에, 말라부 선생에게서 배운 면이 있다고 생각합니다. 그 이유는 제가 파리로 유학을 가서 말라부 선생에게 배웠기 때문입니다(파리 제10대학). 본서에는 다소 말라부적인 줄거리로 전체적으로 설명하는 부분이 있을지도 모릅니다.

77 Catherine Malabou, *Que faire de notre cerveau?*, Bayard, 2004 ; translated by Sebastian Rand & Marc Jeannerod, *What Should We Do with Our Brain?*, Fordham University Press, 2008. ; 桑田光平·増田文一朗 訳,『わたしたちの脳をどうするか: ニューロサイエンスとグローバル資本主義』, 春秋社, 2005.

메이야수: 절대적 실재와 그 변화 가능성

다음은 메이야수입니다.

메이야수에 대해서는 다음 장에서 다시 자세히 설명하고자 합니다만, 메이야수의 경우도 말라부와 마찬가지로 모든 것은 에크리튀르적이며 차이라는 포스트구조주의의 전제를 상대로 하며, 거기서부터 새로운 전개를 시도하는 철학자입니다. 그때 말라부의 경우에는 가소적인 형태라는 일종의 '말랑말랑함〔유연함〕의 원리'를 내놓았습니다만, 메이야수의 경우는 지금까지의 논의에서는 생각하지 않았던, 더 철저한 동일성으로 향한다는 분명한 역주행의 입론입니다.

메이야수의 경우 배제되었던 것이란 **인간의 해석에 좌우되지 않는 그저 단적으로 동일적으로 존재하는 물자체로서의 실재**입니다. 그 의미를 인간이 어떻게 생각하느냐와 전혀 무관하게 그저 그렇게 있는 존재를 말합니다. 하이데거에게서의 존재도 역시 인간의 의미 이해와의 관계에서 질문되던 바가 있습니다만(자세한 것은 생략합니다만), 그것보다 더 무미건조하게 잔혹하게 분리된 단적인 존재라는 것을 말하려고 하는 것이 메이야수입니다.

설명은 이것으로 줄이겠지만, 그래서 그런 절대적으로 동일적인 실재를 생각하면 그것은 전혀 무의미하게 그저 있을 뿐이며, 왜 그렇게 존재하고 있는가 하는 이유가 전혀 없습니다. 이유 없이 존재한다는 것은 우연적이라는 것입니다. **절대적 실재는 절대적이기 때문에 우연적이며, 그렇다면 그대로의 모습으로 계속 존재할 필연**

성은 없습니다. **단적인 실재는 그저 우연일 뿐 언제든지 완전히 다른 것으로 변화할지도 모른다**는 귀결에 이르게 됩니다.

이것이 메이야수의 주저 『유한성 이후』[78]에서 말하는 것인데요, 이 도식만으로 말하면, 흥미로운 것은, '모든 것은 차이다'라는 논의에 대한 역주행으로서 절대적 동일성을 끄집어낼 때, 그 절대적 동일성을 정말 절대적으로 비인간적인 것으로 생각하기 때문에, 동일적이면서도 갑자기 완전히 다른 것으로 변화할지도 모른다는 귀결이 되어, 차이의 철학의 새로운 철저함이라는 양상을 보인다는 점입니다.

그래서 메이야수의 행보는 포스트구조주의의 흐름에 반하는 것이 전혀 아닙니다. 오히려 포스트구조주의의 전제로 강렬한 역주행을 함으로써 포스트구조주의의 어떤 우스꽝스러운 반전상 같은 것을 내세우고 있는 것입니다.

지금 거론한 말라부, 메이야수라는 두 철학자의 예는 앞서 말한 4원칙에 의해 성립되었던 포스트구조주의의 논의에 대해 다시 4원칙을 철저히 적용함으로써 새로운 단계를 만들어 내는 것이라고 볼 수 있습니다.

이렇게 이번 장에서는 어쨌든 살을 모두 걷어 내고 골격만으로

---

78 Quentin Meillassoux, *Après la finitude: Essai sur la nécessité de la contingence*, Seuil, 2006. ; カンタン・メイヤスー, 千葉雅也・大橋完太郎・星野太 訳, 『有限性の後で: 偶然性の必然性についての試論』, 人文書院, 2016. ; 퀑탱 메이야수, 정지은 옮김, 『유한성 이후: 우연성의 필연성에 관한 시론』, 도서출판b, 2010.

현대사상을 만드는 방법을 설명해 보았습니다. 이를 응용함으로써 뭔가 새로운 관점을 만들 수 있을지도 모릅니다.

보충하자면, 현대사상 연구에서는 자기 자신이 새로운 메이야수가 되려는 사람은 좀처럼 없고, 데리다나 레비나스의 텍스트의 의미를 나름대로 재해석하는 것이 통상적입니다. 다만 그때도 이 도식에 가까운 접근 방법으로 연구가 이루어졌습니다.

아까 잠깐 말씀드렸지만 레비나스는 어쨌든 타자의 철학이라고 일컬어지는데, 그것에 대해서 오히려 그렇지 않은 부분, 즉 모종의 동일성의 문제에 주목하는 부분에 빛을 비춰 보는 식의 역주행적인 접근 방법이 가능합니다.

또 들뢰즈에 관해서는, 모든 것은 차이이며, 그 차이가 리좀적으로 연결되어 있다는 것이 널리 얘기되었습니다만, 그에 비해, 차이를 더 철저하게 생각한다면 '절단'이나 '무관계'가 문제가 된다는 것이 저의 『너무 움직이지 마라』에서의 입론이었습니다. 그것도 지금까지의 들뢰즈 상에 대해서 앞의 4원칙을 적용함으로써, 다른 들뢰즈 상을 내놓는다는 접근 방법입니다(그렇다고 해도, 이 4원칙은 나중에 정리한 것이지, 당초 그것을 사용해 연구 계획을 세운 것은 아닙니다).

포스트–
포스트구조주의

Jacques Derrida
Gilles Deleuze
Michel Foucault
Friedrich Nietzsche
Sigmund Freud
Karl Marx
Jacques Lacan
Pierre Legendre
Emmanuel Levinas
Catherine Malabou
Quentin Meillassoux
Graham Harman
François Laruelle

21세기의 현대사상

마지막으로 21세기 들어서부터 2010년대까지의 전개에 대해 한 장을 마련하고자 합니다.

들뢰즈가 사망한 것이 1995년이고, 데리다는 그 후인 2004년에 세상을 떴는데, 데리다의 죽음으로 프랑스 현대사상의 황금시대는 막을 내렸다고 해도 좋을 것 같습니다. 그 이후 차세대의 시대가 되었습니다. 데리다의 제자인 말라부도 그중 한 명이지만, 특히 유명해진 것은 메이야수로, 그 주저 『유한성 이후』는 21세기 프랑스 현대사상에서 가장 논란이 많은 저작일 것이라고 생각합니다.

좀 더 상황을 설명하자면 데리다, 들뢰즈 등과 동 세대이면서 뒤늦게 재평가되고 다시 읽히게 된 사람들도 있습니다.

한 명이 알랭 바디우Alain Badiou(1937~)입니다. 바디우는 특히 들뢰즈에게 대결 자세를 취하면서 이 책에서 소개한 프랑스 현대사상의 면면에 대해서는 비스듬히 서 있는 입장이었는데, 수학의 철학과 마르크스주의에 바탕을 둔 독특한 작업이 새삼 주목받고 있습니다. 주저는 『존재와 사건』(1988)이라는, 집합론을 기초로 하여 존재론과 그로부터의 일탈 — 레비나스적으로 말하면, 전체성을 둘러싸는 존재론과 그 외부의 타자성 — 을 논한 것입니다. 이것은 최근에야 일본어 번역본이 나왔습니다.[79]

그 밖에 프랑수아 라뤼엘François Laruelle(1937~)이나 자크 랑시에르Jacques Rancière(1940~) 등이 있습니다. 랑시에르도 바디우처럼 좌익 철학자입니다. 라뤼엘은 공들여 만든 문체를 구사해 '비철학non-philosophie'이라는 것을 내세운 사람입니다. 잠시 후 라뤼엘의 비철학도 소개하겠습니다. 그 논리는 일본에서의 부정신학 비판과 비슷합니다.

다만 다소 비꼬아 말하면 과거의 슈퍼스타의 그늘에 숨어 있던 사람들을 끌어내는 것은 프랑스 현대사상 연구 업계가 연명하기 위한 것이어서 다소 아쉬운 감이 없지 않아 있습니다.

내친김에 말하면, 오늘날의 대학에서는, 들뢰즈나 데리다 같은, 과거에는 아카데미즘에서 벗어나 "이게 학문인가"라며 사람을 당혹스럽게 하는 최전선을 개척했던 사람들이 완전히 고전이 되어 버렸습니다. 데리다나 들뢰즈를 얼마나 '올바르게' 읽는가 하는 재아카데미즘화가 크게 진행되어, 그들을 주제로 한 박사논문이 극히

---

lower79 Alain Badiou, *L'Être et l'événement*, Seuil, 1988. ; アラン・バディウ, 藤本一勇 訳, 『存在と出来事』, 藤原書店, 2019. ; 알랭 바디우, 조형준 옮김, 『존재와 사건』, 새물결, 2013.

진지하게 쓰이게 되었습니다. 그것이 과연 현대사상을 받아들이는 방식, 계승하는 방식으로서 좋은 것인지에 대해서는 의문의 여지가 있다고 생각합니다.

사변적 실재론의 등장

자, 21세기에는 하나의 큰 운동movement이 일어났습니다. 그것은 '사변적 실재론Speculative Realism'이라는 것입니다. 그 불쏘시개가 메이야수의 『유한성 이후』이며, 프랑스에서의 출판이 2006년 (데리다의 사후죠), 영어 번역이 2008년에 나왔습니다. 영어권에서 폭발적으로 읽힌 탓이 컸습니다.

메이야수, 레이 브라시에Ray Brassier, 이언 해밀턴 그랜트Iain Hamilton Grant, 그레이엄 하먼Graham Harman이라는 네 사람이 2007년에 런던대학 골드스미스칼리지에서 '사변적 실재론'이라는 워크숍을 열었고, 그때 포스트구조주의 이후의 한 방향이 제시되었습니다.

네 사람의 작업은 다르지만, 사변적 실재론이란 크게 말하면, **인간에 의한 의미 부여와는 관계없이, 그저 단적으로 그 자체로서 존재하는 사물 쪽으로 향한다**는 방향입니다. 의미보다는 그 자체로서 있는 것을 문제 삼는 신종 실재론이 등장했습니다.

그 대표자가 메이야수라는 것은 이미 말했지만, 또 한 가지, '객체 지향 존재론Object Oriented Ontology, OOO'이라고 불리는 조류를 만든 것이 하먼입니다. 하먼은 **모든 존재자＝객체는 근본적으로 제각**

각이며 절대적으로 무관하게 존재하며 관계는 이차적인 것이라는 주장을 하고 있습니다.

의미 부여의 바깥에 있는 객관성

메이야수에 관해서는 앞 장에서 큰 틀을 제시했지만, 다시 설명하겠습니다.

메이야수는 인간이 어떻게 의미를 부여하느냐와 관계없이 그저 단적으로 존재하는 사물이 있고, 그리고 그것은 일의적으로 무엇인지를 말할 수 있다, 즉 유일한 진리로서 "이것은 이런 것이다"라고 말할 수 있다는 주장을 합니다. 이때 메이야수는 수학을 끄집어냅니다. 수리적 사고야말로 사물이 무엇인지를 직접 말할 수 있는 것이라는 셈입니다. 이와 같이 수학을 끄집어내는 것이 타당한지 아닌지는 이 책의 범위를 넘어서기 때문에, 여기서는 메이야수가 그렇게 논하고 있다고 지적하는 것으로 그칩니다.

자연언어(일본어나 영어 등 통상의 언어)에 의한 의미 부여의 바깥에 있는 것 같은 객관성은 수학적인 것입니다.

이러한 메이야수의 입장position을 현대사상의 전개 속에서 다시 파악해 봅시다. 아까부터 나온 말인데 '의미 부여'라는 게 핵심어입니다.

데리다, 들뢰즈, 푸코에서 공통적으로 문제가 되는 것은 "이것이 올바른 의미다"라고 확정할 수 없고, 항상 취하는 관점에 따라 의미 부여가 변동한다는 의미의 결정 불가능성 혹은 상대성입니다.

다만 이것이 말하고자 하는 것은 결정 불가능하기 때문에 아무 말도 할 수 없다는 것이 아니라 "사물은 복잡하다"라는 것입니다. 다의적, 양의적이라는 거죠.

예를 들어 푸코라면 누군가가 일방적으로 지배를 받는 것이 아니라 오히려 피지배자가 지배에 가담하는 면이 있고, 그래서 단순히 어느 한쪽이 나쁘다고 말할 수 없는 역학이 복잡하게 있다는 식으로 현실의 복잡함을 말하고 있습니다. 이것은 둘 다 그게 그거니까 "둘 다 나쁘지 않다"라는 것이 아닙니다.

다만 이런 현대사상의 경향은 단순화되고 소박한 상대주의로 파악되는 경우가 많습니다. "사물은 어떻게든 파악된다"라거나 "그런 입장을 취하고 있으면 역사수정주의가 된다"라거나 "'탈진실post-truth'이라고 일컬어지는 제멋대로의 사실 인식 강요나 음모론을 허용하게 되는 것 아니냐"라는 말을 듣곤 합니다.

확실히 현대사상은 그러한 현대의 곤란한 현상을 일도양단으로 〔과단성 있게〕 비판하는 것은 아닙니다. 그런 게 아니라 인간의 사고·언어에는, 예를 들어 음모론에도 이르게 될 가능성이 애초에 있다는 것을 먼저 냉정하게 인정하는 것에서 시작해야 합니다. 그래서 "그런 건 안 좋으니까 없애 버리세요"라고 단순하게 말할 수는 없어요.

인간은 애초에 정신분석적으로 말해도 '과잉'적인 존재이며, 일정한 의미의 틀을 벗어나 사물에 다르게 의미를 부여하려는 경향이 있기에, 그것이 뚱딴지같은 망상으로 전개되는 것은 인간의 기본

설정으로서 있을 수 있습니다.

실재 그 자체의 상대주의

"인간은 과잉이다"라는 인간상이 현대사상에서 기본값 default인데, 이에 대해 일부 상식적인 비판자들이 "팩트가 중요하다" "아무렇게나 해석될 수 있는 것이 아닌 흔들림 없는 객관적 사실이 있다"라는 비판을 하고 있습니다. 그리고 이것들과 동시대적인, 비슷한 비판으로 메이야수 등의 실재론이 있습니다.

그러나 메이야수의 논의는 그런 "상식적으로 생각해서 역사적 사실은 제대로 있다"라는 식의 이야기보다 더 깊은 곳에까지 도달해 있습니다.

흔들림 없는 객관성은 수학적이라고 여겨지지만, 메이야수의 경우는 사물을 수학적으로 기술하면 세계의 진리를 알 수 있다는 이야기에 그치지 않습니다. 앞 장에서 말했듯이, 메이야수에 따르면, 이 세계가 이렇게 있다는 것에는 필연성이 없고, 세계는 우연히, 우연적으로 이렇게 되어 있는 것이며, 그래서 세계는 갑자기 다른 것으로 바뀔지도 모른다고 합니다. 객관적 세계는 근본적인 우연성 아래에 있다는 주장으로까지 나아가는 것입니다. 그 극단적 논의에 의해서 비로소 세계가 그저 사실일 뿐이라는 것을 깊이 파악할 수 있습니다.

이 세계가 이렇다는 것에 필연성이 있다면, 세계에는 숨겨진 존재 이유가 있게 되는데, 그것('충족 이유'라고 합니다)을 메이야수는 지워 버리고 완전히 말라 버린 '그저 있을 뿐'인 이 세계를 파악하는 것입니다. 그리고 그것이야말로 자연과학적 세계상을 근본적으로 정당화하는 철학적 태도라고 생각합니다.

세계의 의미를 말하려고 하는 것이 아니라, 세계의 지금 그러한 한에서의 설계를 그저 기술하는 것이 수리입니다. 또 기술되는 세계는 그것을 보증하는 근원적 의미가 전혀 없고, 언제 어느 때, 전적으로 다른 모습으로 변화해 버려도 이상하지 않습니다.

자연과학의 철저한 무미건조함(드라이함)을 제대로 인정하려고 하기 때문에 세계의 (자연법칙 수준에서의) 변화 가능성이라는 뚱딴지같은 주장을 동시에 인정하라고 요구하는 것이 메이야수의 재미있는 점입니다. 이런 의미에서 메이야수는 반상식적입니다.

프랑스 현대사상 혹은 나쁜 의미에서의 포스트모던 사상은 "사물은 상대적이고, 어떻게든 말할 수 있다고 말하기 때문에 음모론을 불러온다. 그러니까 객관적 사실을 제대로 추구하자"라는 등의 말을 듣는데, 메이야수에게서는 "확실히 객관적 사실이라는 것이 있지만, 객관적 사실의 객관성을 따진다면 객관적 사실은 근본적으로 우연적인 것이며 얼마든지 변화할 수 있다"라는 더 고차적인, 실재 그 자체에 미치는 상대주의 같은 것이 나오게 됩니다.

현대사상에서는 사물의 의미를 하나로 고정하지 않고 의미가 일탈하고 다양화하는 것을 논하는데, 그것은 메이야수에게서 더욱 실재의 수준에서 철저해집니다. 메이야수는 포스트구조주의의 상대주의에 대한 역주행에 의해 오히려 더 깊은 상대주의를 제시하고 있다고 할 수 있습니다.

내재성의 철저: 하먼, 라뤼엘

한편, 의미 부여를 벗어나는 '그 자체'를 개개의 별개의 객체object라는 모습으로 말하려고 하는 것이, 하먼의 '객체 지향 존재론'입니다. 일본어로는 『사방 대상』(2010)[80]에서 그 입장을 알 수 있습니다.

하먼에 따르면, 사물은 하나하나 절대적으로 고독하며, 그 자체에 틀어박혀 있다＝후퇴하고 있다는 것입니다. 그것이 본래의, 제1차적인 것의 존재 방식이며, 관계란 2차적이고 현상적인 것입니다. 철학에서는 그 자체 안에 있는 것을 '내재성'이라고 하는데, 하먼은 객체 하나하나의 내재성을 철저히 하는 겁니다. 인간도, 개도, 세탁기도, 하나하나가 다른 것에서 접근할 수 없는 고독한 어둠입니다. 세상은 어둠투성이입니다. 온통 어둠인 것이 아니라 복수의 이질적인 어둠투성이인 것입니다. 이건 약간 레비나스적이기도 한 것 같아요.

그 자체인 것＝객관성으로 향하는 것이, 메이야수의 경우는 세계

---

80 Graham Harman, *The Quadruple Object*, Zero Books, 2011. ; グレアム・ハーマン, 岡嶋隆佑・山下智弘・鈴木優花・石井雅巳 訳, 『四方対象: オブジェクト指向存在論入門』, 人文書院, 2017. ; 그레이엄 하먼, 주대중 옮김, 서동진 해제, 『쿼드러플 오브젝트』, 현실문화, 2019.

가 언제 변화할지 모른다는 시간적 주장이 되는 반면, 하먼은 동시
적으로 복수의 틀어박혀 있는 객체가 산재해 있다는 공간적인 이야
기가 주장되고 있습니다. 혹은 메이야수는 수직적, 하먼은 수평적
이라고도 할 수 있겠죠.

여기서 또 한 인물을 들먹이겠습니다. 요즘 재평가되고 있는 라
뤼엘입니다.

라뤼엘은 '비철학'이라는 기획project을 1980~1990년대에 전개
했습니다. 비철학이란 무엇인가? 그것은 지금까지의 모든 철학에
대해 외부적일 것이라는 이론입니다. 자연과학과도 다릅니다. 독특
한 추상 이론입니다(라뤼엘 자신은 비철학을 '과학'이라고 부르는데, 그
것은 경험과학이 아니라 이른바 '사변 과학'일 것입니다).

이하의 주장이 이루어지는 저작은, 아직 일본어 번역이 없습니
다. 프랑스어 및 영어의 『철학과 비철학Philosophie et non-philosophie』
(1989) 등을 참조하여 설명합니다.

라뤼엘은 철학이 '실재'를 잘못 파악하고 있다고 생각했습니다.
실재, 그것을 라뤼엘은 '일자一者'라고 부릅니다. 철학은 일자=실재
를 파악하려고 하지만 잘못 파악한다고 합니다. 그때 무한원점으로
서의 X가 상정되며, 그것은 '물자체'이거나 '존재 그 자체'인 셈인데,
이 "파악하려고 하지만 잘못 파악한다"라는 구조 외에 그 X와는 구
별된 것으로서 '일자'를 두는 것이 라뤼엘의 독자성입니다.

곧장 말하면, 이것은 일본의 관점에서 보면 부정신학 비판입니
다. **철학은 항상 부정신학적 X를 필요로 해 왔는데, 그러한 것으로**

서의 철학 전체의 바깥에 스스로를 위치시키는 것이 라뤼엘의 비철학자non-philosopher입니다.

약간 상급 편의 언급입니다. 고대 그리스 이래, '존재'와 '일자'의 관계 맺음은 여러 가지로 논의되었지만, 둘을 떼어 내는 것이 포인트입니다. 라뤼엘식으로는 '존재론'보다 '일자론'이 앞섭니다.

일자란 실재이며, 다만 그 자체를 내재적이라고 여깁니다.

기존 철학자들은 내재를 초월과의 대립에서 이야기하지만, 라뤼엘은 '모든 이항대립의 외부'라는 의미에서 자신은 절대적인 내재성을 생각하고 있다고 주장합니다. 라뤼엘의 일자는 내재 vs 초월보다 앞에 있습니다.

라뤼엘은 철학이라는 것을, 이항대립의 조합에 의해서 사물에 논리적으로 의미를 부여하는 것이라고 보고 있습니다(이것은 데리다와 공통이죠). 그리고 그 외부에, 단지 내재적이고, 논리에서 벗어나는 일자=실재를 둡니다. 일자=실재란 '비밀'이라고도 합니다.

그러나 결국 라뤼엘 또한 큰 이항대립을 만들고 있는 것은 아닐까요? 다음과 같은 구별이 도입됩니다. 철학적인 이항대립, 이원론은 dualism이라고 불리며, 그것과는 구별하여 철학 전체와 그 외부의 일자와의 대립은 the dual이라고 불립니다.

음, 글쎄요. 이것은 결국 '철학' 아닐까요……?

여기에도 6장의 '현대사상을 만드는 방법'에서의 분석을 적용할 수 있습니다. 앞의 원칙을 라뤼엘에 적용해 봅시다(네 번째는 생략합니다).

① **타자성의 원칙**: 라뤼엘은 철학 전체가 이항대립에 의해 일자

＝실재라는 타자성을 배제하고 있다고 생각합니다.

② **초월론성의 원칙**: 이항대립에 의거하는 철학 전체에 대해, 그것을 조건 짓는 새로운 초월론적 수준으로서 일자＝실재를 둡니다.

③ **극단화의 원칙**: 일자＝실재는 철저히 내재적이며, 그것을 이론화하는 것은 철학의 외부로 나가는 것이기 때문에 '비철학'이라고까지 극단적으로 말합니다. 이를 표현하기 위해 이항대립에서 도주하는 문체를 개발합니다(그래서 라뤼엘의 문장은 상당히 읽기 어렵습니다). 또 그 내재성은 '비밀'로 바꾸어 말할 수 있습니다.

이 도식에 깔끔하게 들어맞는 것 같습니다.

어쨌든 이항대립에 의한 의미 부여의 외부를 형식적으로 순수하게 생각하려 했다는 점에서 라뤼엘의 작업은 사변적 실재론의 선구라고 할 수 있다고 생각합니다. 메이야수의 경우에는 그 자체로서 우연적으로 있을 뿐인 세계, 그 '그 자체'라는 지위status는 라뤼엘적 내재성이며, 바로 '비밀'이라고 할 수 있을 것이며, 하먼에게서의 서로 무관한 객체object에 대해서도 마찬가지로 말할 수 있을 것입니다.

복수성의 문제와 일본 현대사상

여기서 데리다로 돌아가 볼게요.

한편으로 이항대립을 조립함으로써 하나의 의미를 고정하고자 하는 것이 상식적 사고입니다. 예를 들면 "어른은 우유부단해서는 안 된다"라고 하는 것. 거기에서는 은근히 아동 같은 모습이나, 결단이 흔들리는 것은 배제되어 있습니다. 거기에 흔들림을 가하면, "아니, 조금 우유부단해도 좋다" "반드시 강한 결단을 하는 것이 플러스라고 할 수는 없다"라는 것이 나옵니다. 그런 흔들기가 탈구축적 사고였습니다.

사고는 이항대립을 조작하지만 결국 사물은 절대적으로 포착할 수 없기에 항상 우리는 그것밖에 없는 결론에는 도달하지 못하고, 공회전하듯이 논의를 계속하게 됩니다. 이때 의미 부여＝해석이 다양할 수 있기 때문에, 우리는 항상 포착할 수 없는 X의 주위를 계속 에워싸고 있다는 묘사描像가 부상합니다.

즉, 5장에서 설명한 부정신학적 X죠. 인간의 사고는 이항대립을 여러 가지 사용하여 부정신학적 X의 주위를 에워싸며, 그것을 계속 잘못 파악하고 있다고 하는, 의사소통의 실태가 떠오르게 됩니다. 데리다는 의사소통을 그렇게 항상 오해되고 어긋나는 것으로 파악하고 있었습니다.

데리다나 한때의 들뢰즈도 그렇지만, 그렇게 부정신학적 X를 둘러싸고 의미 부여가 계속 실패한다는 것 자체를 도식적으로 끄집어낸 것이 현대사상의 중요한 작업입니다. 반면 메이야수는 "아니다, 일의적인 의미 부여는 가능하고 그것은 수학에 의해서 가능한 것이다"라고 다음의 한 걸음을 내딛게 됩니다. 메이야수가 행하고 있는 것도 일종의 부정신학 비판이라고 볼 수 있습니다.

현대사상에는 1960년대 후반에 부정신학 시스템이 의식되는 단

계가 있었고, 이후 하나의 X를 둘러싼 것이 아니라 더 분산적이고 복수적으로 여러 관계를 전개해 나가는 방향으로 데리다나 들뢰즈는 논의를 전개하게 되었습니다.

반복하자면, 하나의 X를 둘러싼 공회전이 인간의 운명이라고 가장 강하게 말한 것은 라캉입니다. **현대사상에서 라캉은 부정신학적 사고의 왕이라고 할 수 있습니다.** 포착할 수 없는 무언가를 포착하려고 한다는 것은, 발달론적으로 보면 어머니가 자신의 곁에서 사라져 버리는 근원적 결여를 메우려는 것입니다. 반면 부모와 자식 관계에 모든 것을 집약하는 것이 아니라 더 광대한 사회나 사물과의 관계로 사고를 열어 가려고 한 것이 들뢰즈+가타리였습니다. 데리다에게도 들뢰즈+가타리에게도 라캉과 어떻게 거리를 두느냐가 큰 과제로, 하나의 결여를 둘러싸고 의미작용이 전개되는 것이 아닌 방향으로 향했습니다. 아즈마 히로키의 『존재론적, 우편적』은 이를 명확히 하고 있습니다. 그리고 아즈마는 단수의 부정신학적 X에서 '복수적인 초월론성'으로 향하는 방향을 제시했습니다.

여기서 '초월론성'이라는 개념은 인간의 존재 방식을 조건 짓는 추상적인 수준이라는 뜻으로, 그것이 단수의 결여인가 — 하나의 구멍을 둘러싸고 인생이 전개된다 — 아니면 복수적인 것인가 하는 것입니다. 그럼 복수적인 것을 어떻게 생각해야 하는가 하는 것은 열린 문제라고 생각합니다.

다른 한편, 메이야수나 말라부는 데리다나 들뢰즈가 라캉 비판을 통해 복수적인 것을 문제 삼았다는 것을 중시하지 않습니다. 복수성에 대한 주목은 일본 현대사상에서 특징적인 것입니다. 프랑스의 신세대는 데리다나 들뢰즈를 부정신학 시스템에 기대어 파악하고, 복수성이 거론되는 맥락도 거기에 포함시켜 버리고, 그것에 대해 자신의 독자적인 새로운 외부성을 제시하는 형태가 되어 있다고 생각합니다.

유한성 이후의 새로운 유한성

그러면 일본 현대사상에서의 복수성이라는 논점과 사변적 실재론에서의 해석의 상대성을 초월한 실재라는 이야기는 연결될 수 있는가라는 물음이 나옵니다. 이것은 매우 어려운 질문입니다. 거기에 직접 대답할 수 있을지 어떨지는 몰라도, 마지막으로 한 단계 더 이야기를 전개해 보도록 하겠습니다.

메이야수의 책은 『유한성 이후』라는 제목인데, 거기서 말하는 유한성이란 푸코가 『말과 사물』에서 문제 삼은 근대적 유한성이며, 이것은 아즈마가 말하는 부정신학 시스템입니다. 즉 인간은 신에 비해 할 수 있는 것에 한도가 있다는 의미가 아니라, 인간은 본질적으로 파악할 수 없는 무엇인가=부정신학적 X를 둘러싸고 계속 농락당하고 있다는 의미에서의 유한성입니다. 그런 다음 메이야수는 수학을 통해 사물을 객관적으로 포착할 수 있다고 말했습니다. X를 둘러싼 사고의 공회전, 그것은 의미 부여가 무한해지도록 운명 지어져 있다는 유한성이며, 메이야수가 말하고자 하는 것은 그러한 유한성으로부터의 탈피입니다. 즉, 일정한 사실 인식이 성립한다는 것인데, 그 사실 자체가 얼마든지 변화할 수 있다는 형태로 새로운 무한성이 제시됩니다.

여기서 제가 논하고 싶은 것은 근대적 유한성 이후에 재등장하는 또 하나의 유한성입니다.

다시 푸코가 등장하게 됩니다. 푸코는 왜 고대로 회귀했을까요?

3장에서 설명한 바와 같이 『성의 역사 Ⅳ』에 따르면, 아우구스티 누스는 인간의 마음에 해소할 수 없는 죄책감을 설치install함으로 써 무한하게 반성을 강요받는 주체를 정립했습니다. 이 죄책감, 즉 원죄란 바로 부정신학적 X입니다. 기독교의 주체화는 바로 부정신 학적 주체화입니다. 거기서 푸코는 그 이전의, 말하자면 무한하게 반성하지는 않았던 시대의 사람들에게서 일종의 가능성을 보게 됩 니다.

세네카 같은 로마의 현인들은 뭔가 잘못을 저질렀어도 그것을 근원적인 죄로 여기지 않고 하루의 일과 끝에 일기를 쓰고 반성하 며 "더 이상 하지 말자"라고 스스로에게 말할 뿐이었습니다. 푸코는 『성의 역사 Ⅳ』에서 다음과 같이 쓰고 있습니다.

이것은 그가 매일 밤, 잠들기 전에, 일단 모든 불이 꺼진 후에 실행하 는 점검examen이다. 여기서 문제가 되는 것은 하루 동안 전개된 것 전 체를 '정밀하게 조사'하면서 하루하루에 대한 조사를 행하는 것이다. 그는 자신의 행위와 자신의 말(발언)을 되짚으며 평가를 내린다. ······ 그러나 이 조사가 유죄판결과 형벌로 이어지지 않는다는 점에 주목 해야 한다. 징벌도 없고 회한조차 없다. 그러니까 두려움도 없고, 무슨 일이든 자기 자신에게 숨기고 싶은 욕망도 없다. 자신을 점검하는 사람은 자신에게 단지 이렇게 말할 뿐이다. "나는 이제 너를 용서한다" "다시는 같은 것을 되풀이하지 않도록 조심하라", 즉 모델이 되고 있는 것은 아마도 실제로 사법적이라기보다는 오히려 행정적이다. 텍스트에 잠복해 있는 이미지는 법정보다 오히려 감사inspection를 생각나게 한다. 정밀 조사, 점검, 탐지가 이뤄지고 필요한 조치가 취해지는 것이다.[81]

이러한 로마의 사상에 대해서는 『주체의 해석학』[82]이라는 콜레주드프랑스 강의에서 집중적으로 논의되고 있는데, 매우 재미있으니 꼭 참조하기 바랍니다.

여기에 흥미로운 유한성이 있다고 생각합니다. 법적인 것이 아니라 행정적이고 감사監査적인 것으로 여겨지는 반성의 형태는 무한하게 깊어져 진흙탕이 되는 일이 없습니다. 그런 의미에서의 무한 비판이 여기에는 있습니다. 즉, **수수께끼의 X를 파고들지 않고, 생활 속에서 과제task가 하나하나 완료되어 간다는 그런 이미지의,**

81 Michel Foucault, *Histoire de la sexualite 4: Les aveux de la chair*, Gallimard, 2018. ; フーコー, フレデリック・グロ 編, 慎改康之 訳, 『性の歷史 IV: 肉の告白』, 新潮社, 2020, 158-159頁. ; 미셸 푸코, 오생근 옮김, 『성의 역사 4: 육체의 고백』, 나남출판, 2019, 173-174쪽. 프랑스어본을 바탕으로 전면 수정했다. 가령 examen을 국역본은 '반성'으로, 일역본은 '검토'로 옮기고 있으나 '점검'이 더 나은 말이다. 일기를 쓰거나 생각하면서 하루 동안 자신의 행위를 돌아보고 그것을 점검하는 행위이기 때문이다.

82 Michel Foucault, *L'Hermeneutique du sujet: Cours au College de France(1981-1982)*, Gallimard/Seuil, 2001. ; 미셸 푸코, 심세광 옮김, 『주체의 해석학: 1981-1982 콜레주 드 프랑스에서의 강의』, 동문선, 2007.

담담한 유한성입니다. 주체란 우선 행동의 주체이지 정체성을 고민하는 사람이 아닙니다.

복수적 문제에 유한하게 씨름하다

푸코가 보여 주는 이러한 고대적 모습을 저는 부정신학 시스템에서 복수성 쪽으로 향한다는 것은 어떤 것인가에 대한 해석으로 파악하고 있습니다.

우리는 날마다 문제 해결을 하고 있습니다만, 그것은 뭔가 거대한, 운명적인 수수께끼가 아니라, 그때그때의 애드혹ad hoc한 '문제'입니다. 여기서 단어 선택이 고민되는데, 임시로 '문제'라고 말하려고 합니다. 문제라는 키워드는 들뢰즈도 『차이와 반복』에서 중시하는 것으로, 들뢰즈가 긍정하는 것처럼 계속 생성변화하는 인생도 항상 문제와 계속 만나는 과정으로서 파악되고 있습니다.

문제는 복수적이라는 거죠.

여기서 중요한 것은 여러 가지 문제가 반드시 하나로 이어지는 것은 아니라는 점입니다. 물론 관련된 문제는 있지만, 모든 문제가 연결되어 하나로 뭉칠 때, 사람은 엄청난 정체성의 고민으로 폐색 상태에 빠져 아무것도 할 수 없게 되어 버립니다. 문제는 분할해서 하나하나 해결해야 한다는 것을 데카르트도 말하지만, 바로 그 거대한 수수께끼, 거악巨惡이 일어나지 않도록 개별적으로 사물에 접근하는 것이야말로 복수성으로 향해 가는 방향 지어짐의 의미가 아닐까요?

단수의 부정신학적인 X로 집약하지 않고 복수적인 문제에 하나하나 유한하게 씨름하는 것입니다. 위와 같이 푸코를 원용하여 생각한다면, 이러한 유한성은 포스트모던적이라기보다는 근대적 유한성보다 앞에 있는 고대적인 것입니다. 혹은 그래도 포스트모던이라는 말을 쓴다면 이른바 '고대적인 포스트모던'인 거죠.

세속성의 새로운 깊이

저는『글쓰기의 철학』[83] 등에서 모종의 과제(업무) 처리나 작업의 철학을 이야기하고 있습니다. 그것은 신경증적인 완벽주의에 꽁꽁 얽매여 작업(일)이 진행되지 않는 것을 어떻게 할 것인가 하는 이야기인데, 과장되게 말하면 이것은 근대적 유한성 혹은 부정신학적인 마음의 모습을 어떻게 할 것인가 하는 문제입니다. 필요한 것은 개별 문제와 마주 대하는 것입니다.『글쓰기의 철학』에서는 아우트라인 프로세서outline processor[84]에 의해 조목별로 씀으로써 점점 절단적으로 생각나는 대로 적어 나가며, 전체를 통합하려고 하지 않고 부분 부분으로 사물에 대응해 간다는 라이프핵

---

83 千葉雅也, 山内朋樹, 読書猿, 瀬下翔太,『ライティングの哲学: 書けない悩みのための執筆論』, 星海社, 2021.

84 문장의 아우트라인을 생각해 두고, 여기에서 세부 사항을 검토하여 효율성 높게 전체를 작성하는 소프트웨어.

lifehack[85]을 설명하고 있습니다. 이것은 하나의 예일 뿐이고, 이것이 최선은 아니더라도, 나라면 이러한 방법으로 고대적 포스트모던을 생활에 설치하고 구현하려고 해 온 것입니다.

이건 지극히 세속적인 이야기입니다. 가능한 한 고민하지 않는다는 것이니까요.

어쩔 수 없이 고민하는 것이 깊은 삶의 방식인 것 같은 인간관이 근대에 의해 성립되고, 그것이 다양한 예술을 산출해 낸 것인데요, 그로부터 거리를 두고 세속적으로 사태와 씨름하는 것은, 인간이 변화가 없이 단조롭게 되어 버리는 것일까요? 그렇지 않습니다. 오히려 그런 세속성에야말로 거대한 고민을 품고 있는 게 아닌 또 다른 인생의 깊이, 희극적이라고 할 수 있는 깊이가 있지 않을까요?

문제와 씨름한다는 것은 그저 해석을 이러쿵저러쿵 쓸데없이 만지작거리며 농락하는 것이 아니라 실제로 행동을 하고 아주 조금이라도 세계를 움직이려고 하는 것입니다. 거기서 움직이고 있는 것은 무엇일까요? 사고뿐만이 아닙니다. 신체가, 사물이, 물질이 움직이고 있는 것입니다. 개개의 문제에는 물론 어려운 것이 있고, 그것은 스트레스를 강요하지만, 그 고통을 무한한 고민으로부터 구별합니다.

그런 의미에서 메이야수가 제시한 것, 즉 무한한 해석이 아니라 사물 그 자체로 향하는 방향성은 제가 푸코에서 추출한 고대적인= 대안적인 유한성을 살아간다는 삶의 방식과 관련이 있습니다.

---

85 (주로 정보산업 분야에서) 작업의 질이나 효율, 생산성을 올리기 위한 기술.

대안적인 유한성이란 행동의 유한성, 신체의 유한성과 다름없습니다.

이렇게 해서 그저 그 자체인 것으로 향하는 포스트-포스트구조주의의 논의는 복수적인 것으로 향하는 일본 현대사상과 합류하게 됩니다.

하나의 신체가 실재한다. 그것에 깊은 의미는 없다. — 메이야수의 절대적 우연성의 철학은, 자신의 수수께끼=X를 둘러싼 아우구스티누스적 무한 반성의 그 직전으로,라는 푸코의 방향성과 은밀하게 공명하고 있습니다. 메이야수식으로 말하면, 이 신체는 언제 전적으로 다른 것이 될지도 모릅니다. 고대 중국에서 장자가 꿈에서 본 것처럼 나비가 될지도 모릅니다. 신체는 고장 나고, 병들고, 늙어가고, 언젠가는 붕괴되어 다른 물질과 섞입니다. 메이야수는 그 생성변화보다 급격하게radical 갑자기 나비가 된 것도 이상하지 않다고까지 생각했습니다(그때는, 지금의 세계로부터, 내가 나비인 것 같은 세계로, 세계 전체가 변화합니다). 그렇더라도, 아니 그렇기 때문에 지금 이곳을 살 수밖에 없는 것입니다. 내가 이런 것의 필연성을 찾고 그것을 정당화하는 이야기를 아무리 짜내도 끝이 없습니다. 지금 여기서 무엇을 할 것이냐, 지금 여기서 신체=뇌가 어떻게 움직이느냐 하는 것입니다.

신체의 근본적인 우연성을 긍정하는 것, 그것은 무한한 반성에서 벗어나 개별적인 문제와 유한하게 씨름하는 것입니다.

세계는 수수께끼의 덩어리가 아닙니다. 세계는 산재하는 문제의 장입니다.

바닥없는 늪 같은 깊이가 아닌 다른 깊이가 있습니다. 그것은 세속성의 새로운 깊이이며, 지금 여기에 내재하는 것의 깊이입니다. 그때 세계는 근대적 유한성에서 보았을 때와는 상이한, 다른 종류의 수수께끼를 획득합니다. 우리를 어둠 속으로 계속 끌어들이는 수수께끼가 아닌, 밝고 맑은 하늘의 수수께끼, 맑기 때문에 수수께끼입니다.

현대사상 읽기

Jacques Derrida
Gilles Deleuze
Michel Foucault
Friedrich Nietzsche
Sigmund Freud
Karl Marx
Jacques Lacan
Pierre Legendre
Emmanuel Levinas
Catherine Malabou
Quentin Meillassoux
Graham Harman
François Laruelle

독서는 모두 불완전하다

이번 장은 부록으로, '자못 현대사상적인 문장'을 어떻게 읽을지 그 요령을 강의하고 싶습니다.

전문가 입장으로서는 현대사상의 세세한 수사학(문장 기법)을 즐기면서 깊이 읽을 수 있기를 바라지만, 그래도 그것보다 철저하게 장애물hurdle을 낮추는 것이 최우선이라고 생각합니다.

세세한 부분은 건너뛰세요. 한 권을 끝까지 통독하지 않아도 됩니다. 독서가 반드시 통독인 것은 아닙니다. **철학서를 한 번 통독하고 이해하기란 많은 경우 무리가 있으며, 얇게 덧칠하듯이 '빠짐'이 있는 읽기를 여러 번 행하여 이해를 켜켜이 쌓아 나가세요. 전문가들도 그렇게 읽어 왔어요.**

애초에 책 한 권을 완벽하게 읽는 일은 없습니다. 다시 생각해 보면 '책을 읽었다'는 경험은 참으로 불완전하다는 것을 깨닫게 됩니다. 설사 끝까지 통독해도 세부 사항까지 기억하는 사람은 없습니다. 강하게 말하면 대부분을 잊어버린다고 말해도 과언이 아닙니다. 어떤 책이었냐고 물으면 생각이 나서 말할 수 있는 것은 큰 '골격'이며, 혹은 인상에 남았던 세부 사항입니다. 이것은 전문가들도 마찬가지입니다. **불완전한 독서도 독서입니다, 뭐랄까 독서는 모두 불완전한 것입니다.** 이러한 것이 피에르 바야르의 『안 읽어 본 책에 대해 당당하게 말하는 방법』[86]에서 진지하게 논의되고 있으니까 꼭 읽어 보기 바랍니다.

또 책을 많이 읽어야 한다는 부담감 때문에 속독을 동경할 수도 있지만 속독법은 의미가 없다고 생각하면 됩니다. 자신에게 무리가 없는 속도로 독서 경험을 쌓아 감으로써 읽기는 자연스럽게 빨라집니다. 초인적인 속도로는 되지 않습니다. 한 달에 수백 권을 읽는다는 둥 호언장담하는 사람이 있습니다만, 이런 일은 있을 수 없습니다. 말도 안 된다고 할까, 그 정도의 권수는 건너뛰면서 대충 훑어보는 식으로 읽을 때만 가능하며, 요점만 쏙쏙 빼먹는 것이라면 백 권도 가능할지 모릅니다. 하지만 어느 정도 제대로 읽는다면 인간의 생물적 한계로 인해 그것은 무리라고 생각하면 됩니다.

---

86 Pierre Bayard, *Comment parler des livres que l'on n'a pas lus?*, Les Editions de Minuit, 2007. ; translated by Jeffrey Mehlman, *How to Talk About Books You Haven't Read*, Bloomsbury, 2007. ; ピエール・バイヤール, 大浦康介 訳, 『読んでいない本について堂々と語る方法』, 筑摩書房, 2016.;피에르 바야르, 김병욱 옮김, 『읽지 않은 책에 대해 말하는 법』, 여름언덕, 2008.

현대사상을 읽기 위한 네 가지 포인트

그런 셈이어서, 현대사상을 어떻게 읽느냐인데, 몇 가지 포인트가 있습니다.

① 개념의 이항대립을 의식한다.

② 고유명사나 토막 지식 같은 것은 무시하며 읽고, 필요하면 나중에 알아본다.

③ '격조 높은' 수사학에 휘둘리지 않는다.

④ 원전은 프랑스어이기에 서양 언어라는 점에서 영어와 비슷하다고 생각하되 문법구조를 어느 정도 의식한다.

이번에는 일단 이 네 가지를 거론해 보겠습니다.

원문의 구조를 영어라고 생각하고 추측한다

먼저 대전제의 문제인 ④부터 설명하겠습니다.

대전제로서 프랑스 현대사상의 문장은 본래 프랑스어입니다. 저 같은 연구자는 프랑스어를 배웠으며 원문이 문법적으로 어떻게 되어 있는지를 일본어 번역문을 통해 엿볼 수 있기 때문에 '이런 번역 방식은 어떨까'라고 생각하면서 원본을 예측하고 '예측적인 번역'을 하면서 읽을 수 있습니다.

처음부터 장애물을 높이는 것 같아 죄송합니다만, 현대사상뿐만 아니라 번역물을 읽을 때는 언어 지식이 있으면 더욱 도움이 됩니다. 번역된 문장이 읽기 어려운 경우, 그것은 원래 언어의 특징에서 나오는 경우가 있습니다. 뭔가 난해한 것 같아서 깊이 읽고 싶어지는 부분에서도 사실은 단순히 '프랑스어적인 글쓰기 습관'일 뿐 깊은 의미는 없는 경우가 많습니다.

프랑스어를 배우는 것은 어려운데, 굳이 배울 필요는 없어요. 일본에서 자란 사람이라면 영어교육은 받습니다. 프랑스어의 구조는 영어와 많이 비슷합니다(독일어보다 영어에 가깝습니다). 영어와 일본어의 차이는, 예를 들어 영어에는 반드시 주어와 동사가 있다든가, 관계대명사절이 있다든가 등인데, 이런 것은 알고 있을 겁니다. 프랑스어도 기본적으로 그렇게 되어 있기 때문에 **원문의 구조를 영어라고 생각하고 추측**해 보세요.

그런 다음 프랑스어의 특징 중 한 가지만 말해 두겠습니다. 프랑스어는 영어에 비해 운용을 위해 최소한 필요한 어휘의 수가 다소 적다고 알려져 있습니다(또 영어와 프랑스어보다 일본어의 어휘 수가 더 많습니다). 그래서 한 단어의 다의성을 구사하는 경향이 있는 것 같습니다. **어딘가 추상성이 높을 것 같은 프랑스어 문장의 멋들어짐은 상대적으로 적은 어휘로 여러 가지를 말하려고 하기 때문에 생기는 효과라고 생각됩니다.**

또 철학 사상의 문장은 일상적인 문장보다 어휘가 더 한정됩니다. 추상적으로 보이는 것은 심원한 내용이기 때문이라기보다는 어휘의 한정 때문에 그런 면도 있다는 것을 알아 두면 어느 정도 마음이 편해질 수 있습니다.

수사학에 휘둘리지 말고 필요한 정보만 끄집어낸다

  그다음 ③, '격조 높은' 수사학에 휘둘리지 않는다는 것. 먼저 방금 전에 말했지만, 프랑스어에서는 큰 내용이 아니더라도 어휘의 추상성 탓에 격조 높게 들릴 때가 있습니다. 그렇기에 큰 방침으로서, 좀 더 일본어인 것처럼 '속되게' 읽어 버리자는 자세로 임하는 것이 좋을 것입니다.

  격조 높다는 것은 '형식을 갖추고 있다'는 것입니다. **고전을 의식한 문장에는 상투적인 수사가 여러 가지 있는데, 무엇을 말할 것인가보다 먼저 그 진부한 '거푸집'이 있고, 거푸집에 끼워 넣는 형태로 하고 싶은 말을 꺼낸다거나 거푸집에 끼워 넣기 위해 하고 싶은 말을 일부러 과장하거나 크게 본질적이지 않은 장식적인 문장으로 글을 늘리는 경우가 있습니다.** 이것은 '과학'과는 매우 다릅니다. 필요한 정보만 전달하는 것이 과학적인 문장이지만, 인문계 문장은 옛날에는 '변론술'에서 유래하여 사람을 설득하기 위한 기술이 여러 가지 포함된 문장입니다.

  변론의 수사학이란, 예를 들면, 하고 싶은 말을 강하게 퍼부어 대기 위해서 그것과 대조적으로 무언가를 일부러 부정하는 것처럼 보이거나, 분위기를 띄우기 위해서 같은 말을 다르게 반복하거나 등입니다. 인문계 책은 옛날 것으로 갈수록 그런 경향이 강하다는 것을 알아 두세요. 그렇기에 **필요한 정보만을 '과학적'으로 끄집어낸다**라는 읽기 방식을 추천합니다. 그렇다고는 해도, 상급의 읽기 방식으로서는, 부풀리는 수사학에도 깊이 읽어야 할 뉘앙스가 있기에, 사실은 그것도 무시할 수 없습니다만(데리다 같은 사람은 미세한 수사학을 분석하고 읽는 사람입니다), 초보자는 줄여서〔생략하면서〕 읽는 게 좋다고 생각합니다.

고유명사나 토막 지식을 무시한다

그리고 ②, 고유명사나 토막 지식 같은 것은 무시하고 읽습니다. 옛날 지식인들은 교양을 자랑하듯 고유명사를 이것저것 늘어놓으며 이야기를 전개합니다. 그런 지식을 "당연히 알죠"라는 "교양의 공동체"가 전제되어 있고, 옛날에는 독서에 그 암묵적인 전제가 부담감으로 작용해 더 여러 가지 공부를 해야겠다고 생각하게 되었습니다. 하지만 초보자는 세세한 고유명사를 무시해도 됩니다.

중요한 것은 **주요 스토리와 그것을 보완하는 서브 부분을 구별해서 읽는** 것입니다. 여러 가지 고유명사를 늘어놓고 복잡해 보이는 이야기를 하는 것은 중요하지 않으며, 이런 부분은 대개 서브입니다. 주요 스토리 쪽은 심플합니다.

개념의 이항대립을 의식한다

그리고 제일 중요한 것. 그것이 ①인데, **개념의 이항대립을 의식하는** 것입니다. 주요 스토리는 이항대립으로 조립되어 있습니다. 지엽 말단을 너무 신경 쓰지 말고 **저자가 대립하는 A측과 B측에 어떤 말을 배정하고 그 양측의 관계를 어떻게 설명하는지를 포착**하세요. 그것이 주요 스토리를 독해하는 방식입니다.

여기서 보충하자면, 이 책은 데리다의 사고법인 '이항대립의 탈구축'을 소개하고 꼭 응용해 보자는 이야기였던 셈입니다. **그러나 독서를 할 때는 우선 이항대립의 탈구축을 하지는 마세요. 저자가 설정하고 있는 이항대립을 그대로 쫓아가세요. 개념의 지도를 그리세요. 즉, 읽으면서 딴지를 걸지 마세요.** 중간에 딴지를 걸기 시작하면 단적으로 말해서 읽을 수가 없어요. 단순히 데이터를 통째로 다운로드한다는 의식으로 읽고, 탈구축적인 딴지를 거는 일은 그다음 단계에서 하세요. 이것은 남의 이야기를 들을 때도 그렇고, 우선은 그냥 듣는 것입니다. 탈구축은 그 후에 하십시오.

케이스 1: "뭔가 멋지네"

됐나요? 이상이 포인트입니다. 그럼 구체적인 예를 살펴보겠습니다.

먼저 2장에서 인용한 들뢰즈의 문장입니다.

동일성은 일차적이지 않다는 것, 동일성은 원리로서 존재하지만 다만 이차적 원리로서, **생성된(생성을 마친)** 원리로서 존재한다는 것, 동일성은 '다른 것 le Différent'의 둘레를 회전한다는 것, 이런 것이 차이에 그 고유한 개념의 가능성을 열어 주는 코페르니쿠스적 혁명의 본성이 며, 이 혁명에서 보면 차이는 미리 동일한 것으로서 설정된 어떤 개념 일반의 지배하에 묶여 있는 것이 아니다.

이것을 어떻게 읽을까요?

"동일성은 일차적이지 않다", 이것은 뭐 괜찮겠네요. '일차적인'이 라는 것은, 예를 들어 '첫 번째'라든가로 머릿속에서 바꾸어 버리면 개운해집니다. "동일성이 첫 번째인 것은 아니다"라고. 그리고 다음 문장은 이런 식으로 간단하게 해 보십시오. "동일성은 분명 원리이 긴 하지만, 이차적인 원리이고 파생된 원리이다." 여기의 **"생성된(생 성을 마친) 원리"**는 강조되어 있기도 해서 "생성이 뭐야?"라는 의문 이 생길 수도 있습니다. 제 생각에는 그렇게 깊은 의미는 없어요. 예 를 들어 여기서 "음, 이것은 들뢰즈의 이른바 '생성변화'를 말하는 건 가?"라고 생각하는 것이 입문자이고, 이런 식으로 깊이 읽기 시작하 면 미궁에 빠집니다. 여기서는 '생성했다→생겼다' 정도구나, '일차 적인 것이 아니다, 생겼다'라는 것은 '나중에 생긴 것' 정도구나,라고 읽어야 합니다. "동일성이란 나중에 생긴 것, 첫 번째가 아닌=두 번 째의, 즉 이차적인, 파생적인 원리이다"라는 식으로 읽으면 됩니다.

그리고 "요컨대 동일성은 '다른 것'의 둘레를 돌고 있다"인데, 이 런 것은 "아, 뭔가 멋을 부리고 있구나"라는 첫인상을 갖는 것이 중 요합니다. 여기서는 '동일성'과 '다른 것(차이)'이라는 추상개념을 다루고 있지만, 추상개념이 추상개념의 '둘레를 돈다'는 것은 아니 기에, 그것은 비유적이고 이미지를 환기시키는 표현이며, 즉 수사학이라고 이해해야 합니다. 무엇인가가 중심에 있고, 그 '둘레를 돌고' 있다는 것은 후자가 이차적, 파생적이라는 것으로, 그러한 주종 관계를 말하는 것뿐입니다. 그래서 여기는 "동일성은 차이에 종속되어 있다"라고 읽으면 됩니다. 차이 〉동일성이라는 주종 관계로 생각하는 것은 '차이에 그 본래적 개념의 가능성을 열어 준다'는 것이다, 라고 읽으면 되는 것입니다.

그 후 "코페르니쿠스적 혁명[전회]"이 나오는데, 이것은 철학사의 토막 지식입니다. 칸트의 철학은 "코페르니쿠스적 혁명"이라고들 하는데, 그것을 알아야 이 말의 의미를 알 수 있습니다. "아, 무슨 토막 지식이구나"라고 생각하고 날려 버리세요. 어쨌든 뭔가 그것은 '전회'이고, 생각의 전회, 즉 사고방식을 바꾸는 것이고, 그러면 "이 전회로부터 보면, 차이는, 미리 동일적인 것으로서 정립된 개념 일반의 지배하에 머물러 있을 리 없다"라고 하는 것이 결론입니다.

자, 이 글은 굉장히 딱딱해요. 이 부분에는 초심자용의 잘라 내어 읽기 방식과 상급자를 위한 제대로 된 이해의 두 패턴이 있다고 생각합니다.

초보자용이라면, 뭐 세세한 것은 빼고, "차이는, 동일성의 지배에는 머무르고 있지 않다" 정도로 됐다고 칩시다. 요컨대 차이 〉동일성이라는 것입니다.

그러나 상급자라면 여기에는 다소 어려운 사고가 있음을 알 수 있습니다. 이 글을 줄이면 "차이는 개념 일반의 지배하에 머물러 있을 리 없다"가 됩니다. 바꿔 말하면 이것은 "차이는 개념으로는 파악할 수 없다"라는 것입니다. 하지만 조건이 있습니다. 여기서의 '개념'

에는 "미리 동일적인 것으로서 정립되었다"라는 조건이 붙어 있습니다. 하나의 같은 것으로서 고정된 — '정립'은 '고정' 정도로 간주해 버립시다 — 개념으로는 차이를 포착할 수 없다,라는 것이 됩니다. 그러나 개념을 '하나의 같은 것으로 고정'하지 않는다면 그런 개념을 사고할 수 있을까요? 이제 그것은 이성적인 사고의 범위 밖이 아닐까요? 차이는 개념적으로 "차이란 무엇 무엇이다"라고 말할 수 없는 것이다,라는 이야기인데, 여기서는 통상적인 개념적 사고의 외부를 사고한다,라고 하는 무모하게 생각하는 것이 요구되고 있는 것입니다.

어쨌든 여기서의 주된 스토리는 동일성은 이차적, 파생적이며 차이 > 동일성이라는 것입니다. 이것만 잡으면 충분해요.

이상으로 매우 짧은 인용 대목입니다만, 읽기 방식을 꽤 여러 가지로 말할 수 있는 것입니다.

케이스 2: '갑툭튀'[87]의 수사학에 파고들지 않는다

다른 예를 들어 보죠. 들뢰즈의 문장으로 이 책에서는 언급하지 않았지만,『비평과 임상』의 1장「문학과 삶」에서 가져왔습니다.

---

87 여기서 '갑툭튀'로 옮긴 원래 단어는 'カマし'인데 맥락상 느닷없이 끼어드는 것이나 이야기를 마구 밀어붙이는 것과 관련되어 있어서 저자의 의도를 존중해 한국어의 '줄임말'로 옮겼다. '갑자기 툭 튀어나온'이다.

쓴다는 것[글쓰기]은 어떤 살아 있는 질료[소재]에 (표현의) 어떤 형태를 부과한다는 것이 분명히 아니다. 곰브로비치가 말하고 행한 것처럼 문학은 오히려 비정형적인 것 혹은 미완성의 편에 속한다. 쓴다는 것[글쓰기]은 항상 미완성된, 항상 스스로 만들어 내는 도중에 있는 생성변화와 관련되어 있으며, 모든 살아 있는 혹은 살아 있던 질료[소재]를 넘어서 넘쳐흐른다. 그것은 하나의 과정, 즉 살아 있는 것과 살아 있던 것을 가로지르는 〈삶〉의 이행passage이다. 에크리튀르는 생성변화와 분리될 수 없다. 글을 씀으로써 사람들은 여자가-되며, 동물 혹은 식물이-되며, 분자가-되며, 지각할-수-없는-것이-되기에 이른다.[88]

이것은 글의 첫머리 부분인데, 이 첫머리에 갑자기 곰브로비치라는 고유명사가 나오면 당황할 수도 있을 텐데, 이것도 토막 지식이고 서브 부분이니까 무시하면 됩니다. 간단하게 고쳐 써 볼까요?

쓴다는 것은 인생에서 경험한 것에 무리하게 형태를 부과하는 것이 아니다. 문학이란 비정형적인 것, 형태가 정해지지 않은 것, 미완성이다. 쓴다는 것은 항상 미완성이며, 일어나고 있는 도중의 생성변화와 관련된 것이며, 그것은 모든 소재로부터 흘러나온다. 그것은 하나의 프로세스, 즉 모든 경험을 통과하는 '삶의 이행'이다. 에크리튀르=글쓰기는 생성변화이다. 글을 씀으로써 사람은 여자가-되고, 동물 혹은 식물이-되고, 분자가-되고, 지각할 수 없는 것이-된다(여기서의 '되다'는 생

---

88 ドゥルーズ, 守中高明・谷昌親 訳, 「文学と生」, 『批評と臨床』, 河出書房新社, 2010, 12頁. 프랑스어 원본을 바탕으로 일역을 수정했다.

성변화를 의미한다).

대충 이런 느낌으로 읽을 수 있습니다. 세세한 것입니다만, 첫 문장에서 볼 수 있는 "분명히 아니다"의 '분명히'는 단지 강조일 뿐, 여기서부터 이야기가 시작되는데 갑자기 '분명히'라고 해도 전제를 공유하지 않고 있다고 생각할 수 있지만, 이런 것은 뭐 격조 높은 문장에 흔히 있는 '갑툭튀'의 수사학이며, 자신이 주장하고 싶은 것을 '분명히'라든가 '당연히'라든가 '다름없다 = 틀림없다'라든가 말하는 것에 깊은 의미는 없습니다. 거기에 일일이 파고들지 않는 것이 중요합니다. 그래서 다음의 곰브로비치Witold Gombrowicz는 소설가로, 알고 있으면 여러 가지 연상할지도 모르지만, 뭐 무시해도 괜찮습니다.

"항상 스스로 만들어 내는 도중에 있는 생성변화"라는 것은, 일본어로는 보통 말하지 않는 '재귀 표현'입니다. 영어로는 '동사 oneself'라는 형식으로(이것을 중고등학교 영어에서 추측할 수 있었으면 좋겠습니다만), 문자 그대로 읽으면 조금 어렵게 생각하겠지만, '그 자신이 발생하고 있는 도중' → '일어나고 있는 도중'이라는 느낌입니다. 이 부분처럼 일본어로 번역된 글이긴 하지만, 이해하기 위해서는 역시 서양어의 문법 감각이 어느 정도 필요합니다.

"살아 있는 혹은 살아 있던"이라는 표현인데, 이런 짝을 이루는 표현(대구적 표현)은 격조 높은, 고전을 의식한 문장에서는 흔히 볼 수 있기 때문에 이런 것들을 어렵게 생각하지 않는 것이 중요합니다. '살아 있는'의 '~할 수 있는'은 가능성으로서 그것은 사는 것이 있을 수 있다는 의미에서 가능성을 가리킵니다. '살아 있던'은 가능성이 아니라 현실에, 실제로 살았다는 것을 가리킵니다. 그래서 여기서의 쌍은 가능성/현실입니다. 가능성과 현실을 합산하면, 요컨대 '전부'입니다. 무언가를 산다는 것은 '경험하는' 것이고. 그렇다면, 말하고 싶은 것은 '모든 경험' 정도를 가리킵니다.[89]

주요 스토리는 대체로 다음과 같은 느낌입니다.

쓴다는 것, 문학이란 항상 미완성의 생성변화다. 그것은 삶의 프로세스다. 글을 씀으로써 사람은 여자가-되고, 동물 혹은 식물이-되고, 분자가-되고, 지각할 수 없는 것이-된다.

여기에는 하나의 문학관이 나와 있네요. 완성을 목표로 하지 않는 문학. 모든 것이 도중이고 프로세스를 그대로 써 버리는 문학……이라는 것은 제게도 영향을 주었는데, 이 부분만으로도 뭔가를 쓰려고 할 때 힌트가 될 것 같습니다. 만약 곰브로비치가 궁금하다면, 위와 같은 이해하에서 그 작품을 조사하면 됩니다.

89 이렇게 해석할 수 없는 것은 아니지만, '살아 있는'의 원문은 vivable이고 '살아 있던'의 원문은 vécue이다. 전자는 '살아갈 수 있는'이라고 할 때는 '가능성'의 의미가 되겠지만 '현재 살아 있다'는 의미가 될 때 이렇게 해석하기 어렵다. 뒤의 'vécue'가 특히 실제로 경험한 '과거'의 것을 주로 가리킨다는 점에서(그래서 경험된, 체험된 등으로 번역된다) 오히려 현재와 과거의 쌍으로 해석할 수 있을 것이다.

케이스 3 : 장식은 발라내고 뼈대만 취한다

추상도가 더 높은 것을 살펴볼까요? 추상개념이 연속으로 나오면 이항대립을 의식하세요. 다음은 『차이와 반복』 결론부의 첫머리입니다.

차이는 재현=재현전화=표상의 요청들에 복종하고 있는 한, 그 자체에 있어서[그 자체로] 사유되지 않으며 또 사유될 수도 없다. 차이는 '언제나' 이런 요청들에 복종하게 되어 있었던 것인가? 또 [만일 그렇다면] 어떤 이유들 때문에 복종하게 되었단 말인가? 이런 물음은 면밀히 검토되어야 한다. 하지만 순수하게 불균등한 것들은 우리의 재현적 사유로는 접근할 수 없는 어떤 신적 지성entendement의 천상 같은 저편을 형성하거나, 우리로서는 그 깊이를 알 수 없는 어떤 비유사성의 바다, 그 지옥 같은 이편을 형성하는 것처럼 보인다. 어쨌든 차이 그 자체[그 자체에 있어서의 차이]는 자신을 사유할 수 있게 해 주는 어떤 관계, 차이 나는 것이 차이 나는 것과 맺는 모든 관계를 배제하는 것처럼 보인다. 차이가 사유 가능하게 된다면 그것은 오로지 길들여지는 한에서, 다시 말해서 재현의 4중의 굴레에 복종하게 되는 한에서만 그런 것처럼 보인다. 그 4중의 굴레는 개념에서의 동일성, 술어에서의 대립, 판단에서의 유비, 지각에서의 유사성이다. 푸코가 이렇게나 제대로 보여 주었듯이, 만약 어떤 고전주의적 재현의 세계가 있다면, 이 세계는 자신을 측량하고 조율하는coordonner 이런 네 가지 차원에 의해 정의된다.[90]

어떤가요? 이것은『차이와 반복』치고는 비교적 어렵지 않은 대목이고(그래도 어떻게 느끼실지 모르겠지만), 꽤 장식이 많지만, 말하는 것 자체는 심플합니다. 요컨대 이렇습니다.

차이는 재현에 복종하고 있는 상태에서는 그 자체에 있어서 사유되지 않는다. 재현하는 사고의 맞은편에, 그 자체에 있어서의 차이가 있다. 차이가 사유되는 것은 재현의 네 가지 조건에 의해 속박되는 경우다. 푸코는 '재현의 고전주의적 세계'를 설명했다.

여기서 중요한 것은, 차이 그 자체 vs 재현이라는 이항대립이 설정되어 있는 것으로, 이 뒤에 나오는 어휘는 둘 중 어느 한쪽에 속한 것으로 나누어집니다. 덧붙여 '재현' 같은 이퀄(=)의 표기는, 단어의 다의성을 나타내는 것으로, '재현＝재현전화＝표상'의 원어가 무엇인지 인터넷으로 검색하면 representation임을 알 수 있습니다. 그 정도는 조사해 보아야겠습니다.

다음의 "차이는 '언제나' 이런 요청들에 복종하게 되어 있었던 것인가? 또 〔만일 그렇다면〕 어떤 이유들 때문에 복종하게 되었단 말인가?"라는 문장은 건너뛰겠습니다. 여기는 '확실히 (과연) A이다,

90 Gilles Deleuze, *Différence et répétition*, PUF, 1968, p.337.; ドゥルーズ, 財津理 訳, 『差異と反復』下, 河出書房新社, 2007, 246-247頁.; 질 들뢰즈, 김상환 옮김, 『차이와 반복』, 민음사, 2004, 553-554쪽. 이 인용문 및 이어지는 논의 대목은 국역본 및 프랑스어 원문과 대조하여 번역을 모두 수정했으나 국역본만을 전적으로 따르지는 않았다. 가령 représentation을 일역본에서는 '표상=재현전화'라고 적고 있고 국역본에서는 '재현'이라고 적고 있으나 여기서는 처음에만 '재현=재현전화=표상'으로 표기하고 이후에는 '재현'으로만 표기했다.

그러나 B'라는 수사학으로, 이 A의 의문문은 의문으로서 본질적인 것이 아니라 B를 강조하기 위한 장식적 의미가 강합니다. '확실히 (과연) A이다, 그러나 B' 같은 것도 서양의 격조 높은 문장에서 자주 나오는 문체입니다. 따라서 중요한 것은 "그러나" 이하의 문장인데, 그것도 거의 전체가 장식입니다. 다시 한번 거론해 보죠.

하지만 순수하게 불균등한 것들은 우리의 재현적 사유로는 접근할 수 없는 어떤 신적 지성entendement의 천상 같은 저편을 형성하거나, 우리로서는 그 깊이를 알 수 없는 어떤 비유사성의 바다, 그 지옥 같은 이편을 형성하는 것처럼 보인다.

이런 건 호화찬란하다고도 해야 할 문장이지만, 일관되게 똑같은 이항대립이 내달리고 있습니다. 즉, 그 자체에 있어서의 차이 vs 재현입니다. "재현적 사유로는 접근할 수 없는 어떤 신적 지성의 천상 같은 저편"이라고 되어 있는데, '재현적 사고로는 접근할 수 없다'는 것이니까, 이것은 차이 그 자체 쪽이며, 그것을 "어떤 신적 지성의 천상 같은 저편"이라고 호화롭게 표현하고 있습니다. 그래서 이 문장의 주어는 "순수하게 **불균등한 것들**"이고, 뭐라고 생각할지 모르지만, 기계적으로 말해서 그것은 "재현적 사유"와 대립하는 포지션이기 때문에, 이퀄 차이 그 자체입니다. "순수하게 **불균등한 것들**"= 차이 그 자체입니다. 궁리해서 바꿔 말하고 있는 것이군요. 이것도 서양적 수사학이라고 할 수 있습니다.

예를 들면 '덜렁대고 수염이 있는, 빵집의 프레더릭'이라는 인물이 등장한다고 할 때, 처음에 '프레더릭은'이라고 주어를 내세우면, 두 번째에서는 '수염이 있는, 빵집의'이라고 하거나 '그 덜렁이는'이라고 하거나, 또 한마디로 '그 수염은'이라고 하는 것과 같은 것입니다. 옛날 소설 같은 기법이네요. 표현의 풍부함의 문제로서, 반복을 피하고 싶다는 것이 있습니다. 논리적인 문장에서 같은 말을 사용하지 않고 이리저리 바꾸면 곤란하다고 생각할 수 있지만, 옛날의 인문적인 글에서는 학문이라도 격조가 요구되었기 때문에 그렇게 바꿔 말하는 것도 드물지 않습니다. "비유사성의 바다"라는 것도 차이 그 자체의 편이라는 겁니다. 과장되게 시인처럼 표현하고 있는 셈이죠. "우리로서는 그 깊이를 알 수 없는 …… 그 지옥 같은 이편"이라는 것도 바꾸어 말하고 있는 것일 뿐이죠.

어쨌든 이항대립을 의식하여 장식을 잘라 버리고 뼈대만 끄집어내 심플하게 이해합니다. 다만 그 장식에 중요한 뉘앙스가 포함되는 경우도 있다(데리다적으로는 그렇게 생각해야 합니다),라는 것을 일단 덧붙여 둡니다. 하지만 거기까지 읽는 것은 상급자의 읽기이기 때문에 우선은 뼈대만으로 충분합니다.

케이스 4: 핑계의 고도의 불량성

자, 하나 더. 이번에는 데리다입니다. 아래에서 거론한 것은 『철학의 여백』에 포함되어 있는 「차연」의 첫머리 부분입니다.

이 마지막 레슨은 여태껏보다 어려울 것 같아요. 충분히 이해하지 못해도 신경 쓰지 마세요. 위의 들뢰즈를 소재로 한 설명으로 일단 충분합니다. 지금부터의 데리다 독해는 중상급 편입니다.

들뢰즈의 경우, 또 푸코의 경우 수사학은 그다지 본질적이지 않고 주요 스토리를 심플하게 끄집어내는 경우가 많다고 생각합니다. 하지만 데리다는 특별하고 수사학이 내용과 깊이 연결되어 있습니다. 그래서 마지막으로 설명하는 것입니다.

'차연'은 데리다의 독자적 개념으로, 차이=différence의 두 번째 'e'를 'a'로 바꿔 쓴, 언뜻 보기에 철자를 잘못 쓴 것처럼 보이는 조어, différance입니다.[91] 'e'를 'a'라고 해도 프랑스어에서는 발음이 바뀌지 않습니다. 그래서 구어나 목소리로서는 구별이 안 되지만, 글로 쓰인 것으로서는 다르다, 차이를 갖는다,라는 "차이에 대한 에크리튀르적 차이"를 나타내려고 하는, 매우 곡예술적인acrobatic 개념입니다. 아래 문장은 그것에 대해 설명하기 시작하는 첫머리 부분입니다.

나는 말할 것이다, 그러므로, 하나의 글자에 대해.
알파벳을 믿어야 한다면, 그리고 알파벳에 관해 모험을 감행한 사변들 중 대부분을 믿어야 한다면, 그것은 첫 번째 글자에 대한 것이다.
그러므로 나는 a라는 글자에 대해, 즉 différence[차이]라는 단어를 적

---

91 데리다의 différance를 이 글에서는 '차연'으로 옮겼으나 김남두와 이성원의 제언처럼 différence는 차이差異로, différance는 차이差移로 옮기는 편이 데리다의 의도에 가장 부합할 것이다. 다만 일일이 한자어를 적는 것의 불편함 때문에 '차연'을 따른다.

을écriture 때, 여기저기서 도입할 필요가 있을 것 같은 이 첫 번째 글자에 대해 말할 것이다. 그리고 이것[이렇게 생각한 것]은 에크리튀르에 대한 어떤 에크리튀르를, 또한 에크리튀르 안에서 어떤 에크리튀르를 [쓰고 있는] 동안에서이다. 따라서 이 에크리튀르의 다양한 궤적은 매우 한정된déterminés 몇몇 지점들에서, 정서법orthographe상의 일종의 심한 잘못을 거쳐 가게 된다. 즉, 에크리튀르를 규제하는 정통성orthodoxie에 대한 위반을, 에크리[écrit, 글로 쓰인 것]를 규제하고 이것을 예의범절bienséance에 있어서 억제하는 법칙loi에 대한 위반을 [이 궤적은 필요하지 않아도 거쳐 가게 된다].⁹²

참 재미있을 것 같은데, 갑자기 "그러므로"로 시작합니다. 프랑스어로는 donc이고 영어로는 therefore입니다. 아무런 전제가 없으니, 의미가 불분명하네요. 그러나 뒤를 읽어 보면 갑자기 도중에서 시작되는 이 구조가 차이의 사고에는 절대적인 시작점이 없다는 내용과 관련되어 있음을 알게 됩니다. 이렇게 데리다 등은 **말하고 싶은 내용을 쓰기 수준에서 일종의 퍼포먼스로 보여 주기도** 합니다. 갑자기 '툭 튀어나오는' 거죠!

'차연différance'이라는 조어에 대해서 설명하는데, 문제는 그 'a'이기 때문에, "나는 하나의 글자에 대해서 말할 것이다"라고 하는 거죠. 그 후의 전개는 비정상적이라고 할 정도로 신경질적으로 진행

---

92 Jacques Derrida, *Mages, de la philosophie*, Minuit, 1972, p.3. ; デリダ, 高橋允昭・藤本一勇 訳, 「差延」, 『哲学の余白』上, 法政大学出版局, 2007, 33頁. (일역은 수정. 단 마지막의 [ ] 안에 있는 것은 일역본의 것이다.)

됩니다. 단순히 'différance는 다음과 같이 정의된다'가 아니군요.

먼저, 'a'라는 것이 알파벳의 첫 번째 글자라는 것, 이것은 상식이지만, 이것부터 의심한 후에, 뭐 그런 것으로 해 두자고 가고정합니다. "알파벳을 믿어야 한다면" "그리고 알파벳에 관해 모험을 감행한 사변들 중 대부분을 믿어야 한다면"이라는 조건부로, 'a'가 첫 번째라고 임시假로 인정하는 것입니다. 왜 그런 것부터 '임시假'로 하지 않으면 안 되는 것일까!라고 심하게 초조해할 수도 있습니다. 하지만 이것이 데리다입니다. **철저히 논리를 구성하는 요소들을 일일이 의심하고 "일단 가고정하겠습니다만"이라는 체재體裁로 논의해 나갑니다.**

잠깐 건너뛰고, différance라는 조어가 단순히 철자의 오류= "정서법상의 일종의 심한 잘못fraute"으로 보인다는 것의 설명을 살펴보겠습니다.

따라서 이 에크리튀르의 다양한 궤적은 매우 한정된détérminés 몇몇 지점들에서, 정서법orthographe상의 일종의 심한 잘못을 거쳐 가게 된다. 즉, 에크리튀르를 규제하는 정통성orthodoxie에 대한 위반을, 에크리[écrit, 글로 쓰인 것]를 규제하고 이것을 예의범절bienséance에 있어서 억제하는 법칙loi에 대한 위반을 [이 궤적은 필요하지 않아도 거쳐 가게 된다].

"이 에크리튀르"란 차연, différance를 뜻합니다. 그것이 "다양한 궤적"을 거쳐 가게 된다는 것은 이동한다는 것이고, 이것은 에크리튀르가 원본original에서 떨어져 나와 오해를 낳는다는 이야기를 암시합니다(이 해석에 감이 오지 않으면, 1장을 다시 읽어 보세요). 데리다처럼 수사학이 본질적인 역할을 하는 글쓴이라면, 어느 정도 깊이 읽을 필요가 있습니다.

그런데 이동하는 동안 "매우 한정된 몇몇 지점들"에서는 "정서법상의 일종의 심한 잘못"을 거쳐 간다고 합니다. 즉, différance는 철자의 오류로 간주된다는 얘기입니다. 여기도 미묘한 표현으로, 너저분하게 말하지만, 철자가 틀린 게 아닐까, 이런 단어는 없는데?라는 조잡한 딴지를 매우 정중하게 배척하고 있는 것입니다. 왜냐하면 어떤 단어의 철자가 옳은지를 문제 삼는 것은 그것을 문제 삼는 관점이 어떤 경우= "매우 한정된 지점들"에서이며, 설령 철자가 틀린 것처럼 보여도 그런 조어로 취급되는 경우도 있을 수 있기 때문입니다.

아니, 단어가 틀렸다는 것은 상식과 관련된 얘기이고 상식은 어디서나 상식이잖아!라고 말할지도 모릅니다. 그렇지 않습니다. 상식이 작동하는 지점과 그렇지 않은 지점, 다시 말해 상이한 '문맥'이 있는 거죠. 철자의 상식이 통용되는 지점을 "매우" 한정되었다고 강조하는 것은 매우 비꼬는 말이죠. 상식이 통용되는 세계는 아주 국소적으로 성립되어 있을 뿐이라는 얘기입니다.

différance가 이곳저곳을 이동합니다. 그때 그것이 단순히 철자가 틀리게 되는 맥락도 있고, 독특한 개념으로 작동하는 맥락도 있습니다. 철자가 틀리게 되는 맥락은 보편적이지 않고 '거쳐 갈' 뿐입니다. 상식이라는 것은 가끔 거쳐 가게 되는 것이며, 절대가 아니라 가고정되는 것이라는 얘기입니다.

에크리[글로 쓰인 것]를 규제하고 이것을 예의범절에 있어서 억제하는 법칙loi에 대한 위반을, [이 궤적은 필요하지 않아도 거쳐 가게 된다].

올바른 철자, 올바른 쓰기, 진리를 말하는 올바른 에크리튀르란 이렇다, 말하자면 '예의범절'의 문제로, 즉 매너를 부과하고 있는 것이며, 그런데 에크리튀르는 오해를 낳고 진리와 허위의 경계선을 혼란스럽게 하고 매너를 위반하는데, 그것은 매너를 강요하는 맥락을 우연히 '거쳐 갈' 때이며, 그것은 '뜻밖에도'이며, 딱히 위반하고 싶어서 위반하는 것이 아니라 그렇게 '되어 버릴' 때가 있을 뿐 …… 아니, 죄송합니다!라는 것입니다. 그리고 이것이 "그러니까"로 시작하는 이 문장 전체의 매너 위반과 연결되어 있습니다. 이 무슨 고도의 핑계인가, 이 얼마나 고도의 불량성인가.

이처럼 철자가 틀려 보이는 말을 새 개념으로 제시하는 것의 자기 정당화, 즉 핑계[변명]를 섬세하게 [글로] 씀으로써 모두가 믿고 있는 것에 대해 지나치게 싫어하는 듯한 도발이 행해지는 것입니다. 저는 이것이야말로 지성이라고 생각해요.

이상 기본적인 네 가지 포인트를 설명한 후 데리다의 내용과 수사학을 교묘하게 엮어 내는 예도 보았습니다. 데리다의 경우는 중상급입니다.

우선 수사학에 너무 발을 들이밀지 말고 뼈대를 읽는다는 자세로 여러 가지 읽어 보면 좋겠습니다. 독서는 쌓는 것입니다. 통독하지 않아도 가능한 범위에서 이해하는 일을 반복해 주세요. 언젠가 읽기가 깊어질 것이고, 데리다 같은 사람의 글도 읽을 수 있게 되었다는 것을 깨닫게 될 것입니다.

질서와 일탈

　이렇게 『현대사상 입문』을 전할 수 있어 안심이 됩니다. 언젠가 이런 책을 쓰고 싶었거든요. 고단샤 현대신서에서 이것을 내준다는 것은 정말 감회가 새롭습니다. 예전에 저는 고단샤 현대신서의 이마무라 히토시가 편집한 『현대사상을 읽는 사전』[93]을 주워 읽고, 실로 경박하지만, 언젠가 여기에 있는 것처럼 멋들어진 개념을 사용할 수 있게 되면 좋겠다고 동경한 적이 있었습니다. 『현대사상을 읽는 사전』은 1988년에 나왔지만, 지금이야말로 읽어야 할 책이라고 생각합니다.

　이 책은 리쓰메이칸대학 문학부의 수업 '유럽 현대사상'을 베이스로 하고 있습니다. 수업에 참여해 준 학도 여러분 감사합니다. 데리다, 들뢰즈, 푸코, 이렇게 세 사람, 라캉의 정신분석, 그리고 포스트-포스트구조주의라는 것이 그 수업에서도 중심이었는데, 이를

93　今村仁司 編, 『現代思想を読む事典』, 講談社, 1988.

설명하면서 겪은 시행착오 속에서 이 책을 구상했습니다.

그렇다 치더라도 이런 책은 30대에는 쓸 수 없었습니다. 40대가 되어 인생의 반환점이 된 이제서야 쓸 수밖에 없다고 생각했습니다. 그것은 일종의 체념입니다. 지금 상태에서, 현대사상에 대한 저의 이해는 이른바 '포화'되어 있습니다. 앞으로 크게 달라질 것은 없습니다. 의도적으로 바꾸려고 하지 않으면 변하지 않을 것입니다. 이해가 이미 굳어져 있고, 그것은 한계이기도 하고, 그것을 어떻게 할 것인가를 생각해야 하는데, 어쨌든 그 이해를 외부화할=써 버릴 필요가 있다고 생각했습니다. 더욱더 다르게 읽는 방법도 있겠지만, 나에게 현대사상은 이렇고, 이제 이렇게 되어 버려서 어쩔 수 없으니까 그것을 객관시하자는 체념인 것입니다.

중요한 사항이 누락되었거나 해석에 오류가 있다면 지적해 주기 바랍니다.

「시작하며」에서도 말했듯이, 이 책은 1990년대 말부터 2000년대의 대학 생활을 통해서 경험한 현대사상의 모종의 읽기 방식을 배열·정리arrange한 것입니다. 제가 배운 곳은 도쿄대학 대학원 종합문화연구과, 이른바 '고마바駒場'인데, 이 책의 설명은 고마바에서의 현대사상관의 한 예라고 할 수 있습니다. 지나간 한 시대와 장소의 기억이 이 책에 배어 있는 것은 확실합니다. 하지만 그것은 무시해도 좋습니다. 저는 여기서 제시한 해석이 충분히 일반성이 있다고 자부합니다. 하지만…… 모순되는 것 같지만, 이 배경에 과거의 잔상이 있다는 것도 이렇게 마지막에 부기하고 싶습니다.

현대사상은 이제 '20세기 유산'이며 전통 예능처럼 되어 있어 읽기 방식을 계승할 필요가 있습니다. 이런 의식을 갖게 될 것이라고는 예전에는 상상도 못 했습니다. 제가 20대 중반까지만 해도 현대사상은 확실히 '현대'이고, 그 첨단을 개척하는 연구자가 될 것이라고 우겼는데, 당시에는 그것이 자연스러운 일이었습니다. 그런데 30대에 이르러 메이야수 등 사변적 실재론도 소개하고, 시간이 흘러 2020년대라는 SF적이기도 한 시대에 40대가 되어 깨닫고 보니 그 '현대'는 지나가 버렸네요. 이 책에서는 '현대사상을 만드는 방식'을 형식화하는 시도도 했는데, 지금의 사상 상황에는 매너리즘이 있고, 누군가 타파해 주지 않을까 하는 생각도 있어서입니다.

저 자신의 감각으로는 이 책은 전문가라기보다 10대부터 프랑스 현대사상을 동경해 리좀이니 탈구축이니 말해 보고 싶다!라는 '멋부림'에서 출발한 현대사상 팬들을 위한 총결산으로 썼을지도 모릅니다. 이것은 청춘의 총괄이자 동경의 종막인 것입니다.

돌이켜 보면 현대사상을 통해 제가 격투해 온 것은 '질서와 일탈'이라는 테마였습니다. 이 책은 입문서이기는 하지만, '질서와 일탈'이라는 두 극의 드라마로서 현대사상을 다시 그려 낸 연구서이기도 합니다. 현대사상은 질서를 우습게 여기고 앞뒤 생각 없이 일탈적인 것을 찬양하는 사상처럼 비판받을 때가 있는데, 그것은 아니다, 더 어려운 것을 생각하는 것이다,라는 것이 제가 줄곧 생각해 온 것입니다. 현대사상은 질서를 가고정적인 것으로 간주하고 끊임없이 일탈이 일어나면서도 여러 요소가 어떻게든 공존하는 상태를 고찰하고 있다는 것이 제 견해입니다. 그런 질서와 일탈의 관계는 제게는 예술의 문제, "예술적으로 산다는 것은 어떤 것인가"라는 문제이고, 그것이 어렸을 때부터의 테마였습니다.

이것은 정신분석적입니다만, 저는 항상, "완고한 법이 있다, 그로 부터 일탈이 일어난다, 그러면 일탈을 어떻게 변호할 것인가"라는 것만 생각해 왔습니다.

고등학교 2학년 때 아버지께서 법대에 가서 변호사가 되라고 하셨지만, 저는 법률에는 흥미가 없고 역시 비평이나 사상을 하고 싶다고 말씀드렸습니다. 그러나 그래서 현대사상을 배우면서 발견한 것은 모종의 변호술이었습니다. 일본의 법률이라는 특수하고 구체적인 맥락에서의 변호가 아니라, 더 넓은 범위에서, 아니, 존재 전체라는 최대의 범위에서 일탈적이고 예술로 향하는 삶의 방식을 어떻게 변호할 것인가 하는 문제와 씨름하게 되었다 — 라고, 지금이라면 되돌아볼 수 있습니다.

개인적인 이야기라서 죄송합니다. 이 책은 "이렇게 하지 않으면 안 된다"라는 틀에서 벗어나는 에너지를 스스로 느끼고, 그러므로 이 세계에서 고독을 느끼는 사람들에게, 그것을 예술적으로 전개해 보자고 격려하기 위해서 쓴 것입니다.

이 책이 인생을 더 활력 있게 만드는 데 조금이라도 도움이 되기를 바랍니다.

최초의 구상으로부터 예상 이상으로 시간이 걸려, 이 책은 장기간에 걸친 고단샤의 구리하라 가즈키栗原一樹 씨와의 공동 작업에 의해서 완성되었습니다. 힘든 편집을 하느라 수고해 주신 것에 깊은 감사의 말씀을 드립니다. 구리하라 씨가 아오토샤青土社의 《현대사상》편집장을 맡고 있던 시기에, 이 잡지에 종종 사변적 실재론의 동향을 소개할 기회를 얻었습니다. 이런 구리하라 씨와 한 조를 짤 수 있었던 것을 매우 기쁘게 생각합니다. 또 푸코 및 정신분석에 관한 기술을 검토해 주신 사쿠라이 고헤이柵瀨宏平 씨, 데리다를 인용하는 문제에 대해 상담에 응해 주신 미야자키 류스케宮崎裕助 씨, 바쁘신 와중에 협력해 주셔서 정말 감사합니다.

2022년 1월
작년보다 춥게 느껴지는 오사카에서

이 책은 지바 마사야의 『현대사상 입문現代思想入門』(講談社, 2022)을 옮긴 것이다. 지바 마사야의 책은 이미 몇 권 번역되어 있어서 그리 낯설지 않을 것이라고 생각한다. 옮긴이가 번역한 책이자 질 들뢰즈를 독특한 관점에서 논한 『너무 움직이지 마라』를 비롯해, 『공부의 철학』 『공부의 발견メイキング·オブ·勉強の哲学』이라는 책도 다른 분들의 노고로 이미 번역되어 있다. 한편, 지바 마사야는 사변적 실재론과 신유물론을 일본에서 가장 본격적으로 소개하고 논의한 저자이기도 하다. 이 책의 6장과 7장에서 사변적 실재론을 대표하는 메이야수 등이 언급되는 이유이기도 하다.

 제목만 보고 이 책을 골랐을 때 느낄 수 있을 당혹감을 고려한 것인지, '현대사상'이 일본에서는 '주로 프랑스 철학'을 대상으로 한다는 점을 먼저 일러두면서 논의를 시작한다. 실제로 저자만이 아니라 일본에서 '현대사상'은 '주로' 프랑스에 초점을 맞춘다. 그러나 동명의 잡지 《현대사상現代思想》은 실제로는 프랑스에만 초점을 맞추지 않는다는 점에서, 네그리와 하트Hardt를 비롯해, 도스토옙스키Dostoevsky, 현대수학, 현대경제학이나 샤를리 에브도Charlie Hebdo 사건, 코로나19 등 '현재성'에 주목하고 있다는 점에서 굳이 '현대사상'이라는 단어를 사용하면서도 이런 식으로 한정을 붙이는 것에는 의구심이 들 수도 있겠다. 그러나 '입문'을 쓰기 위해서는 어떤 의미에서 불가피한 선택이기도 하다고 생각하면 좋겠다.

이 책은 여러 가지 장점을 지니고 있다. '현대'사상에서 중요한 인물로 데리다, 들뢰즈, 푸코를 총괄하는 논의를 '시작하며'에서 전개한 후, 1장부터 3장까지 순서대로 이들의 사유를 간략하게 짚는다. 물론 이는 기묘하게 비칠 수도 있다. 왜냐하면 생몰년이나 영향 관계의 면에서 보면 보통 '(알튀세르Althusser 및 라캉) → 푸코 → 들뢰즈 → 데리다'의 순서로 접근하는 경우가 많기 때문이다. 실제로 옮긴이가 번역한 사토 요시유키佐藤嘉幸의『권력과 저항権力と抵抗』(난장, 2012)의 차례를 보면 라캉이 저류에 흐른다는 점과 데리다를 논의하면서 알튀세르가 호출된다는 점을 제외하면, 대체로 이런 편성을 취하고 있다. 그럼에도 불구하고 이 책이 데리다를 실마리 a guiding thread 삼아 논의를 전개한 것은 몇 가지 장점을 지니고 있다. 첫째는 어렵기로 악명이 자자한 데리다의 논의를 매우 쉽고 간명하게 제시하면서도 초보적인 차원의 논의에 머물지 않고 제법 까다로운 논의를 이해하게 쉽게 보여 준다는 데 있다. 이는 책의 구성이나 내용 전개의 측면과 관련되어 있다. 가령 푸코는 '도입 → 나름의 심화'라는 두 단계에 걸쳐 소개되고, 들뢰즈는 최소 세 차례 이상 '나선형'의 '단계(계단)'를 거쳐 소개된다. 이런 과정에서 들뢰즈의

저작 중에서 가장 어렵다고 소문난 『차이와 반복』의 핵심 논의를 데리다와 비교하면서 전달하며, 그 결과 두 사람 모두에 대한 최소한의 이해를 도와준다. 아마 데리다를 논의의 실마리로 삼아 맨 처음에 두지 않았다면 이런 성취는 어려웠을 것이다. 게다가 푸코나 들뢰즈에 대한 논의에 비해 데리다에 대한 논의가 매우 제한적인 한국의 논의 지형에서 볼 때, 이는 이 책이 가진 가장 큰 장점에 해당할 것이다. 따라서 1장에서 소개된 데리다 부분만 읽고 이 책이나 저자에 대해 단정하는 대신 책을 끝까지 읽어 본 후에 '단정'에 대해 재고하기 바란다.

둘째, 이런 '쉬움'과 '명료함'은 비단 데리다에 국한되지 않는다. 어려운 개념인 '초월론성'을 컴퓨터의 OS에 비유해 설명하는 대목이 그렇다. 또 비록 마르크스의 경우 너무 짧아서 문제이기는 해도 니체, 프로이트와 함께 '엮이는 지점이나 논리 구조'를 추출하고 있는 대목 등은 넉넉한 마음으로 보면, 흥미롭다는 생각이 들 것이다. 경제결정론, 본질주의 등의 단어를 쓰면서 과거의 논의를 굳이 되풀이하는 대신, 자본에 포섭되지 않은 자율적 삶의 구현을 강조하는 대목 등은 명시되어 있지는 않지만, 이탈리아의 자율주의 운동을 한편으로 연상시키기도 하기 때문이다.

한편, 책을 덮고 났을 때 몇 가지 의문을 같이 떠올리면 향후 더 좋은 독서와 사유가 가능할 수 있을 것이다. 지면 사정상 아직 밝히지 않은 장점이 있지만, 옮긴이의 경우에는 그럼에도 불구하고 몇 가지 의문이 들었다. 가령 이 책 6장에서 '현대사상을 만드는 네 가지 원칙'인 "① 타자성의 원칙, ② 초월론성의 원칙, ③ 극단화의 원칙, ④ 반상식의 원칙"을 제시한 후 데리다와 들뢰즈를 서로 비교하면서 예증할 때, 왜 푸코가 실종되었는지 의문이 들었다. 실제로 이 원칙의 타당성 여부와는 무관하게, 이 원칙을 가지고 설명 혹은 논의해야 할 사람이 푸코라는 점은 누구도 부인하기 어려울 것이기 때문이다. '광기'라는 '타자성'에 대한 고려가 없었다면 푸코의 초창기 작업은 아마 불가능했을 것이고, 경험적-초월론적 이중체에 대한 논의는 초월론성의 원칙을 가리키며, 극단화와 반상식의 원칙역시 푸코의 무수한 저작에서 끌어내어 적용할 수 있기 때문이다. 이 네 가지 원칙의 타당성에 대해 옮긴이는 아직 유보적 입장인 터라, 푸코에 적용해서 이를 좀 더 구체적으로 논의하는 몫은 저자나 독자의 것으로 남겨 두겠다.

또 다른 의문은 누락 또는 건너뛰기와 관련된다. 프랑스로 국한했을 때에도 간과될 수 없는 사람이 장-뤽 낭시Jean-Luc Nancy(1940~2021), 자크 랑시에르, 알랭 바디우일 것이다. 에티엔 발리바르Étienne Balibar(1942~)에 대한 언급은 바라지도 않지만, 낭시는 아예 언급되어 있지 않으며, 랑시에르는 이름만 나왔을 뿐이고, 알랭 바디우는 너무 짧게 얘기되고 있다. 일본에서 푸코, 들뢰즈, 데리다는 거의 번역이 진행되었거나 완료된 반면, 알랭 바디우와 랑시에르의 책은 오히려 한국에서 몇 권 더 번역된 정도이니, 관심의 차이 때문이라고 볼 수도 있을 것이다. 그런데 이렇게 좋게 생각해도 낭시가 누락된 것은 잘 이해되지 않는다. 오히려 한국에서는 번역본이 매우 드물지만 일본에서는 거의 대부분이 번역된 데다가 낭시와 데리다의 차이점을 저자가 모르지 않을 텐데도 아예 공

서가

서울대 가지 않아도 들을 수 있는 명강의

명강

30

서울대 가지 않아도 들을 수 있는 명강의, [서가명강]은
대한민국 최고 명문대학인 서울대학교 교수님들의 강의를 엮은
도서 브랜드로, 다양한 분야의 기초 학문과 젊고 혁신적인 주제의
인문학 콘텐츠를 담아 시리즈로 발간하고 있습니다.

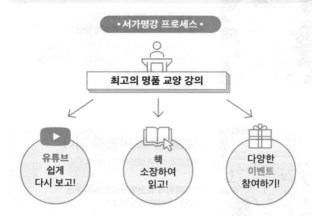

• 서가명강 프로세스 •

최고의 명품 교양 강의

유튜브
쉽게
다시 보고!

책
소장하여
읽고!

다양한
이벤트
참여하기!

📢 유튜브에 어떤 영상들이 있을까요?

1. 출간 전, 작가를 가장 먼저 만날 수 있는 방법!
→ 출간 전 라이브 강연

2. 책의 핵심을 한 시간 안에 담았다고?
→ 출간 기념 라이브

3. 그 외 다양한 인사이트
− 서울대 교수님들의 입시 Q&A
− 저자 인터뷰와 낭독 영상까지

도서는 물론, 유튜브 강연,
그리고 다양한 이벤트까지 —
내 삶에 교양과 품격을 더해줄 지식 아카이브!
[서가명강]을 다양한 플랫폼에서 만나보세요!

유튜브　　　서가명강 사이트

백인 것은 매우 아쉽다. 그래서 아래에서는 우선 세 명에 대해 이 공백이나 누락을 메우는 내용을 최대한 제시하겠다. 한 가지 걱정스러운 것은 너무 어려워질 것 같다는 것이다.

먼저 국내에서 가장 활발하게 논의되고 번역되고 있는 자크 랑시에르다. 랑시에르는 '평등'과 '해방'의 사상가이다. 이는 정치뿐 아니라 미학(감성학)에 관한 논의에서도 그대로 관철된다. 물론 정치에서의 논의가 미학에서의 논의로 나아가면 구체적인 논의 틀이 달라지기는 한다. 가령 미학의 경우 윤리적 체제, 재현적 체제, 미학적 체제라는 틀이 사용된다. 이 틀은 정치에 그대로 적용할 수 없다. 그러나 재현적 체제가 반평등과 위계를 중심으로 구축되는 질서에 대한 이름이라면, 미학적 체제는 오히려 평등이 지배적인 원리가 되는 체제이다. 자세한 것은 랑시에르의 『감각적인 것의 나눔Le partage du sensible』[양창렬 옮김, 현대정치철학연구회, 2019.(후원 책자)]과 『이미지의 운명Le destin des images』에 수록된 「옮긴이의 말(해제)」(김상운 옮김, 현실문화, 2014)을 참조하면 되겠다.[1]

정치나 민주주의의 차원으로 넘어가면, 랑시에르에 대한 가장 명료한 이해를 도와주는 책으로 『무지한 스승Le maître ignorant』(양창렬 옮김, 궁리, 2008)을 꼽을 수 있다. 자신도 모르는 것을 가르치는 스승이라는 점에서 '무지한 스승'인데, 네덜란드어를 모르는 스승 자코토와 프랑스어를 모르는 학생들이 스승의 '설명'(가르침) 없이도 작가 수준의 프랑스어를 구사할 수 있게 되는 과정을 담아내면서, 이

---

1 자크 랑시에르, 김상운 엮고 옮김, 「정치와 미학: 랑시에르와 데리다」, 월간 멀티튜드, 2021. multitude.co.kr/657에서 PDF를 다운로드할 수 있다.

것이 스승과 제자의 지적 능력의 평등이라는 전제에서 출발했기 때문에 가능한 일이었다고 지적한다. 여기서 강조해야 할 것은 '평등이 목표가 아니라 출발점, 혹은 전제'라는 점이다. 현행 교육처럼 불평등을 전제로 하고 평등을 목표로 삼는 것이 아니라 정반대여야 한다는 것이다.

더 나아가 『불화La mésentente: Politique et philosophie』(진태원 옮김, 길, 2015)와 『정치적인 것의 가장자리에서Aux bords du politique』(양창렬 옮김, 길, 2013)에서는 정치와 민주주의에 관한 랑시에르의 사유가 가장 명료하게 펼쳐져 있다. 그중 중요한 것은 치안과 정치의 구분이다. 치안이란 재현적 체제의 위계질서와 비슷하다. 누군가나 무엇인가의 장소나 자리, 기능들을 위계적으로 분배하는 것이다. 가령 노예제에서의 노예나 일터를 비울 수 없는 장인은 정치에 참여할 수 없는데, 이는 이들의 자리와 몫이 위계적으로 배분되기 때문이다. 그러므로 치안은 정치를 불가능하게 하는 것을 가리킨다. 더 나아가 치안과 정치를 동일시함으로써 정치 자체를 제거하는 정치철학의 세 가지 형상으로 아르케정치(플라톤), 유사정치(아리스토텔레스), 메타정치(마르크스, 사회과학)를 꼽는다. 이와 달리 랑시에르에게 정치는 평등을 전제하며 시작되는 것이다. 사장이 노동자에게, 주인이 노예에게 명령하고 복종하게 하려면, 노동자나 노예가 사장이나 주인과는 자신들의 처지가 다르다는 불평등을 이해해야 할 뿐 아니라 이들의 말을 알아들을 수 있어야 한다. 그런데 정치의 이름을 쓴 치안은 이를 애써 무시하며 그들의 몫을 제거한다. 그러나 인민은 오히려 이러한 평등을 전제로, 혹은 논거로 세워 "우리는 너희의 말을 이해할 수 있고 너희와 똑같이 말할 수 있고, 우리 사이의 쟁점에 대해 논의하고 논증하고 논쟁을 벌일 수 있어"라며 공통의 무대를 만들면서 몫의 셈에서 제거된 자신들의 '몫 없는 몫'을 주장하고 요구할 수 있다. 이런 것이 있을 때 랑시에르적 의미에서 정치는 존재한다.

이로부터 세 가지를 생각할 수 있는데, 첫째는 랑시에르에게 '법 앞의 평등'은 전통적 마르크스주의가 주장한 것처럼 자본주의적 착취를 은폐하는 부르주아 민주주의의 외관, 혹은 형식적 민주주의에 불과한 것이라며 콧방귀를 뀌는 대상일 수 없다는 것이다. 오히려 이 평등이 있기 때문에 "아니 법 앞에서는 모두가 평등하다면서? 그런데 왜 유전무죄이지? 왜 나는 배제되는 것이지?"라며 자신의 몫이 부당하게 제거되어 있음을 지적하고 투쟁할 수 있는 근거(공통의 무대)를 만들 수 있게 된다. 그리고 이미 성문화된 권리를 넘어서 '아직은 성문화되지 않은 새로운' 권리들을 만들어 내고 그 과정에서 새로운 권리 주체를 산출할 수 있다.

둘째는 정치가 존재하려면, 즉 평등을 전제로 한 해방의 과정의 실현이 존재하려면 이를 방해하고 잘못되게 만드는 치안과 계속 싸워야 한다는 얘기가 되는데, 이는 데리다의 '도래할 민주주의'와 크게 차이가 없다는 점이다. 데리다의 이 개념 또한 민주주의가 항상 끊임없는 투쟁의 과정 속에서 지속적으로 현실화/미현실화되는 것이고, 결국 완벽히 성립된 민주주의란 존재하지 않는다는 것을 전제로 하는 이야기이기 때문이다. 이렇게 보면 이 책에서 누락된 데리다의 정치적 사유가 랑시에르와 어떻게 연결되는지를 생각해 볼 수 있다. 물론 두 사람의 차이에 대해서도 주목해야 하는데, 자세한 내용은 옮긴이의 블로그를 참조하면 좋겠다.

셋째는 이름이 완전히 누락된 장-뤽 낭시와의 관계이다. 낭시의 정치적 저작은 거의 국역된 바가 없지만, 그는 1968년 5월 혁명, 민주주의, 포퓰리즘, 네오파시즘 등에 관한 여러 책과 글, 인터뷰 등을 계속 선보였다. 이미 번역되어 있는 『무위의 공동체La communauté désœuvrée』(박준상 옮김, 그린비, 2022)뿐 아니라 『자유의 경험 L'expérience de la liberté』『세계의 의미Le sens du monde』『민주주의의 진실 Vérité de la democratie』, 그리고 대담집인 『민주주의와 공동체 Demokratie und Gemeinschaft』 등 이루 셀 수 없을 정도로 많다. 그러나 이 모든 것이 번역되어 있지 않은 상황에서 더 구체적인 논의를 전개하기는 어렵기에 여기서는 랑시에르가 중시한 '해방'을 낭시는 매우 비판적으로 보고 있다는 점을 지적하는 선에서 그치기로 한다. 거듭 말하지만 랑시에르에게 민주주의(정치)는 "장소들의 분배에 대한 치안의 논리"를 중단시키는 것이다. 따라서 랑시에르에게 해방은 그의 민주주의론의 출발점을 이루는 개념이다. 그러나 낭시는 해방 개념을 여러 차례 비판적으로 언급한다. 가령 다음 구절을 읽어 보자. "근대적 해방에 의해, 그동안 폭력적이고 부당한 위계에 의해 학대받던 개인이 자유로워지고 평등해졌다고 생각한다면, 그것은 큰 잘못이다. …… 개인은 이를 해방하자는 운동에 의해 창출됐다.[2] 유럽 문명의 전환기에, 그때까지와는 다른 인류가 '자유의 몸

---

[2] Jean-Luc Nancy, *L'Adoration(Déconstruction du christianisme*, 2), Galilée, 2010. p.13.

이 됐다'기보다는 새로운 구상 아래에서 창출됐다." 간단하게 말하면, 근대라는 유럽 문명의 전환점에서 해방 개념은 개인 개념과 공범 관계였다는 것이다. 우리가 신들과 압제자들로부터 해방되었지만 인구/주민 대부분은 굶주림과 보살핌의 부족에 시달리는 반면, 다른 주민/인구는 과잉영양과 과잉 보살핌에 시달리고 있는 그런 개인들로 해방되었을 뿐이라는 얘기다. 낭시에게 해방이란 우리가 우리 자신을 체제 전체에 개인의 이름으로 예속시키는 과정인데, 그것이 과연 적절한가라는 질문이다. 이는 낭시가 (주권자로서의) 인민을 두 개 이상의 종류로 파악하고 있다는 점, 민주주의 역시 국가적 민주주의와 대안적(?) 민주주의로 쪼개서 파악한다는 점과 연동되지만, 이는 낭시의 저작들을 영어로라도 읽어 보거나 옮긴이가 번역을 준비하는 책들을 통해 더 상세히 접근할 수 있을 것이다.

알랭 바디우는 랑시에르보다 국내에서 책이 더 많이 번역되었으므로 접근이 어렵지 않다. 특히 그가 제출한 '공산주의 가설'과 이를 다룬 세 국제 콜로키움에 대해서는 옮긴이도 번역에 참여한 『공산주의라는 이념 L'hypothèse communiste』(진태원 외 옮김, 그린비, 2021) 외에 페터 엥겔만 Peter Engelmann과의 대담집인 『알랭 바디우, 공산주의 복원을 말하다 Philosophie und die idee des kommunismus: Im Gespräch mit Peter Engelmann』(김태옥 옮김, 숨쉬는책공장, 2015), 바디우와 정치의 관계를 독자적인 관점에서 묻고 사유하는 브루노 보스틸스 Bruno Bosteels의 『공산주의의 현실성 The actuality of communism』(염인수 옮김, 갈무리, 2014), 또 안토니오 네그리의 비판을 다루는 히로세 준 廣瀬純의 『혁명의 철학 アントニオ・ネグリ: 革命の哲學』(은혜 옮김, 난장,

2018)에서 자세히 설명하므로 이를 읽어 보는 게 좋겠다. 그런데 그의 '철학'은 수학적 존재론이라서 상당히 힘겨울 수 있다. 게다가 국역본은 물론이고 영역본의 질도 그렇게 좋은 편이 아니라서 더욱 문제가 되며, 그나마 좋은 입문서인 피터 홀워드Peter Hallward의 『알랭 바디우: 진리를 향한 주체Badiou: A subject to truth』(박성훈 옮김, 길, 2016)를 구해서 같이 읽으면 아무래도 도움이 될 것이다. 또한 서용순의 「바디우 철학에서의 존재, 진리, 주체: 『존재와 사건』을 중심으로」[철학논집(27집), 서강대학교 철학연구소, 2011] 등의 논문도 매우 유용한데, 인터넷을 통해 접근할 수 있다. 특히 서용순의 글은 바디우의 출발점을 근대 철학을 비판하려는 시도의 하나이면서도 다른 철학적 시도와는 달리 "존재, 진리, 주체의 개념을 유지하면서 개작하는" 것으로 바디우의 철학을 자리매김하는데, 이 논의 과정에서는 이 책의 「시작하며」에 있는 '포스트모던'이라는 단어, '구조주의, 포스트구조주의' 등과 관련된 말의 심층적 함의를 잘 풀이하고 있으므로 일독을 권한다.

랑시에르와는 달리 바디우나 낭시에 대한 더 자세한 내용은, '현재성'을 사유하는 것으로서의 '현대사상'에 걸맞게 '코로나19'에 대한 이들의 견해나 입장을 소개하는 것으로 대신하려 한다. 현대 프랑스 철학을 대표하는 철학자 중 한 명인 장-뤽 낭시는 코로나19 팬데믹에 대해 매우 적극적으로 발언한 사람 중 한 명이다. 단행본 『너무도 인간적인 바이러스Un trop human virus』(Bayard, 2020) 발간 이후에도, 《리베라시옹Libération》에 「코무노바이러스Communovirus」[3]를, 이탈리아의 잡지 《마이크로메가MicroMega》의 생명정치 특집호에 「생명정치적 신드롬」[4]을 발표했다.

그런데 그의 발언이 크게 주목을 받은 것은 조르조 아감벤Giorgio Agamben에 대한 반박 혹은 응수 덕분이었다. 기억을 되살려 보면, 코로나19가 처음 확산되기 시작했을 때, 이탈리아는 다른 유럽 국가들에 비해 피해가 매우 컸고 그 결과 여러 나라들이 앞다투어 이동의 자유 제한, 공중보건 대책, IT 기술을 통한 정보 관리 등 다양한 조치를 취했다. 이는 당연히 정치(랑시에르의 용어로는 '치안')가 어떻게 팬데믹을 통치 활동 또는 정책에 적용하는지를 물을 수밖에 없게 했다. 이때 아감벤은 많은 사람들이 장례식도 치르지 못한 채 매장되는 현실에 대해 크게 반발했다. 시신에서 새로운 감염이 생기거나 확산될 수 있다는 우려는 이해할 수 있음에도 불구하고, 망자에 대한 경의를 아무런 거리낌 없이 포기한다면 사회는 어떻게 되어 버릴까? 생존 외에는 그 어떤 가치도 인정하지 않는 사회란 도대체 무엇인가? 이는 죽은 자의 권리가 생존의 이름으로 짓밟히는 현실이 아닌가라고 반발한 것이다. 또한 이동의 자유를 제한하는 것에 대해서도 반발했다. 이동의 자유에 대한 제한은 전시 상태에서도 전혀 생각하지 못했던 사태라고 본 것이다. 이런 생각의 밑에는 이동의 자유가 수많은 자유 중 하나에 불과한 것이 아니라, 근대가 '권리'로서 확립한 여러 자유 중 근원에 있는 자유라는 생각이 놓

3 liberation.fr/debats/2020/03/24/communovirus_1782922 영역본은 다음을 참조. versobooks.com/blogs/news/4626-communovirus

4 Jean-Luc Nancy, Anna Tagliavini 옮김, "La sindrome biopolitica", *MicroMega*, 2020.8., pp.56-61.

여 있다. 이처럼 아감벤은 공중보건과 건강관리를 핑계로 전국으로 확대된 예외 상태를 비판하며, 주권적 권력의 무제한적 행사와 안전(보안) 기술의 편재화가 결탁한 상태를 우려한 것이다. 이렇게 되면, 사람들은 사회생활을 유지할 수 없으며, 죽음과 이웃한 '벌거벗은 삶'에 노출되어 그저 하루하루를 살아남는다, 버틴다는 실존적 가치만 남게 된다. 다른 한편으로는 공중보건이라는 이름으로 공공 공간이 관리되고 축소되고 폐지되면서 주권적 권력이 강요하는 예외적 상태가 일반화된다. 아감벤은 이러한 폐쇄적 상황에 맞서 일련의 정치 시평을 계속 썼지만, 과학적 지식의 부적절성, 사회 음모론의 불확실성 등으로 인해 많은 비판을 받았다. 하지만 팬데믹이 어원적으로 접두사 pan(모든 것)과 demos(민중)로 이루어진 개념인 만큼, 정치적 고찰을 멈추지 말아야 한다는 아감벤의 실천적 태도는 기억되어야 할 것이다.[5]

다시 말하지만 아감벤은 주권 권력이 코로나19 사태를 이용해 영구적인 예외 상태를 만들어 내고 있다고 주장했지만, 낭시는 이 주장을 반박한다. 즉, 정치권력이 여전히 그토록 주도적인 힘을 갖고 있는 것일까? 낭시가 「바이러스적 예외Exception virale」[6]에서 아

---

5 참고로 아감벤은 이런 초기 국면 이후에도 팬데믹에 관해 지속적으로 글을 써 왔고 이를 단행본으로 묶은 책이 국역되어 있으므로, 이를 참조하기 바란다. 팬데믹에 주로 초점이 맞춰져 있는 것은 조르조 아감벤, 박문정 옮김, 『얼굴 없는 인간: 팬데믹에 대한 인문적 사유』, 효형출판, 2021.인데, 이탈리아어본*A che punto siamo? L'epidemia come politica*과 차례가 조금 다르며 번역어도 국내에서 통용되는 것과는 다소 다르다. 그 이유가 아감벤과 주고받은 메일에 드러나 있으므로 그것도 읽어 보는 게 좋겠다. 또한 조르조 아감벤, 박문정 옮김, 『저항할 권리: 우리는 어디쯤 있는가?』, 효형출판, 2022.도 참조하기 바란다.

감벤을 향해 이렇게 비판한다. "표적을 잘못 잡으면 안 된다. 문제되고 있는 것은 분명히 문명 전체이다. 존재하는 것은 생물, 정보, 문화의 측면에서의 바이러스성의 예외화 같은 것이며, 이것이 우리를 끌어들여 팬데믹화하고 있는 것이다." 아감벤이 문제 삼는 '생명정치'는 전 지구적 규모로 전개되는 기술-경제적 매니지먼트의 일면일 뿐이며, 여러 힘의 복합적인 네트워크가 만들어 내는 문명의 관점에서 해석되어야 한다고 본다. 즉, 낭시의 표현은 아니지만, 인간과 자연의 복잡한 상호 관계, 다시 말해 '사회 생태계'의 관점에서 팬데믹 현상을 이해해야 한다는 것이다.

좀 더 쉽게 풀어 보기 위해 먼저 짚어 두어야 할 것은 푸코에게서 유래하는 '생명정치'라는 개념을 아감벤과 낭시는 푸코와도, 서로와도 다르게 사용한다는 점이다. 이 책의 99-101쪽에서 푸코의 생명정치를 규율권력과 연관해서 간략하게 잘 짚고 있음에도 거기서 누락된 것은 두 권력이 주권권력과 맺는 관계인데, 푸코는 주권권력이 규율권력과 생명정치나 생명권력으로 대체되었다고 보는 반면, 아감벤은 주권권력이 이 둘을 행사한다고 보는 입장이며, 거기에 슈미트Schmitt-벤야민Benjamin에게서 유래하는 예외상태론을 접목시켜 논의를 전개한다. 반면, 낭시는 주권권력을 이렇게 강력하게 설정하는 것이 문제이며, 오히려 '현재'의 권력의 양태는 '기술-경제적 매니지먼트' 또는 '기술-경제적 힘들'이라고 형언한다. 그리고 간단하게 '경제기술éco-techne'이라고 불리는 이것은 낭시에

---

6 Jean-Luc Nancy, "Exception virale". cabradapeste.org/exception-virale

게 '생명정치'와 대립된다.[7] '에코테크네〔경제기술·생태기술〕'는 국가의 주권이 약화되고 기술 및 경제와 관련된 다른 행위주체agent 네트워크의 복합체가 권력을 장악한 사태를 가리킨다. 정부를 "불쌍한 집행자에 불과하다"라고 아감벤을 비판한 것도 낭시의 논의가 이 '에코테크네'라는 권력의 양태를 정조준하고 있기 때문이다.[8]

---

7 이 권력에 대한 자세한 분석은 『단수 복수 존재』(Être singulier pluriel, Galilée, 1996)에서부터 전개되기 시작하여(부록으로 수록된 「'생명정치'라는 용어에 관한 노트」) 이후의 모든 논의에서 빈출한다. 참고로 '경제기술éco-techne'은 '생태기술éco-techne'이기도 하다. 따라서 이하에서는 '에코테크네'로 음차한다.

8 낭시가 이런 '에코테크네'에 대해 취하는 태도 혹은 극복 방안으로 무엇을 제시했는지를 살펴보는 것도 중요한 작업인데, 유용한 글은 제목이 매우 긴 「우리는 우리의 실존을 운명으로, 이어서 정복으로 파악했으나, 향후에는 다른 것을 찾아내야 할 것이다」이다. Jean-Luc Nancy, Milo Lévy-Bruhl, "Nous avons compris notre existence comme un destin, puis comme une conquête, il va falloir trouver autre chose", *Le Grand Continent*, 2020.6.9., legrandcontinent.eu/fr/2020/06/09/jean-luc-nancy 이 글의 끝에는 "다른 정신성une autre spiritualité"이라는 단어가 나오는데, 이것이 '에코테크네'를 변화시키는 기술이기도 하다. 여기서의 '정신성'은 그 어원인 '숨결spiritus'을 가리키므로 단순히 지적 차원에만 머물지 않는다. 이 인터뷰의 첫머리에 따르면 호흡은 신체의 자율적 운동이며, 의지가 완전히 통제할 수 없는 것, 말하자면 의지의 이방인이다. 하지만 바로 이 통제할 수 없으면서도 생명 유지에 필수적인 운동에 의해 사람들은 바이러스를 흡입하거나 방출한다. 또 인간의 정신활동과 표리일체인 언어활동도 호흡과 마찬가지로 입이나 코를 이용하는 것이며, 더 나아가 언어활동이 입과 코를 써먹는 음식과도 밀접하게 연결되어 있다는 점을 감안할 때, 코로나19는 호흡이나 음식부터 언어활동에 이르기까지 '숨=정신'과 관련되어 있음을 알 수 있다. 낭시가 고심하는 것은 이 모든 의미에서의 '숨=정신'을 예전과는 다른 것으로 만들어 내는 것이다. 즉, 언어, 호흡, 음식에서 다른 기예나 기술이 필요한 것이다. 이는 낭시와 데리다의 대담 「"'올바르게 먹어야 한다" 혹은 주체의 계산」("《Il faut bien manger》 ou le calcul du sujet", *Points de suspension*, Galilée, 1992.)의 논의와도 맞닿은 고민일 뿐 아니라, 낭시 자신은 명시적으로 언급하지 않으나 푸코의 '통치성'과도 연동된다. 왜냐하면 푸코에게 통치성은 나중에 '혼의 인도'로 정의되기 때문이다. 즉, 새로운 통치성의 발명에 대한 푸코의 요구는 새로운 정신성의 발명이기도 할 것이기 때문이다.

그러면 알랭 바디우의 입장 또는 태도는 어땠을까? 그는 뜻밖에도 외출 금지 방침을 긍정적으로 받아들였다. 스스로 격리 생활을 지키며, 친구들에게도 권장함으로써 "의료종사자와 노인들을 보호하자", "과거의 '인민 구제' 경험을 떠올리자"라고 호소하기도 했다. "마크롱 대통령이 급여 보장 등 복지정책을 내놓은 것은 놀랄 일이 아니다. 파국을 피하기 위해 강제적 수단을 행사하고, '전쟁'이라는 표현을 쓴 것도 옳다. 이러한 수사학은 자연(과학자의 역할)과 사회(정치인의 역할)가 교차하는 관점에서 도출된 필연이다." 2020년 3월 16일, 마크롱 프랑스 대통령은 외출 제한을 비롯해 코로나19 감염 유행과의 투쟁을 '전쟁'이라고 표현했다. 그러나 새로운 감염병에 대해 치료법도 백신도 없는 우리는 비무장 상태이며, 적과 싸우는 상태가 아니다. '전쟁'이라는 표현이 부적절하고 안이하다는 비판이 많은 가운데, 바디우가 찬성한 것은 그래서 뜻밖이다. 바디우는 예외 상태의 정치를 틈타 변혁을 기대하는 것이 아니라, 팬데믹 이후의 정치적 전망을 사색해야 할 시기라고 보고 있다. "과거의 전쟁은 러시아, 중국 등에서 혁명을 일으켰지만, 이번 바이러스와의 전쟁은 중립적이다. 현재의 자본주의가 팬데믹으로 인해 심각한 위기에 빠질 것이라고 상상하는 것은 위험한 몽상이다. 교훈은 명백하다, 이 팬데믹으로 인해 어떤 새로운 정치 국면도 열리지 않는다는 점이다. 우리는 정치의 변화를 원하지만 이 팬데믹 격리 생활은 새로운 정치 모습을, 공산주의의 3단계의 국제적 진전을 각자가 생각해 볼 시기다." 이런 주장이 그의 철학적, 정치적 사유와 어떤 관계에 있는지를 따져 보는 것에도 다행히 국내에 좋은 논문이 있다. 「코로나19와 프랑스 철학: 낭시와 바디우 그리고 한국」(조태구, 국제비교한국학회, 2021)이 그것이다. 여기에는 아감벤에 관한 낭시의 비판, 그리고 낭시의 사유도 제시되어 있으므로 많은 참고가 될 것이다.

* * *

지금까지 누락 또는 공백을 최대한 채우는 방식으로 글을 썼으므로, 이제는 옮긴이가 매우 흥미롭게 읽은 「부록」에 대해서도 몇 마디를 추가하면서 글을 더 밀고 나가고 싶다.

"현대사상을 읽기 위한 네 가지 포인트"로 저자는 다음을 들고 있다. "① 개념의 이항대립을 의식한다. ② 고유명사나 토막 지식 같은 것은 무시하며 읽고, 필요하면 나중에 알아본다. ③ '격조 높은' 수사학에 휘둘리지 않는다. ④ 원전은 프랑스어이기에 서양 언어라는 점에서 영어와 비슷하다고 생각하되 문법구조를 어느 정도 의식한다."

옮긴이는 ②와 ③에 크게 공감한다. 다만 옮긴이의 교육 경험을 추가해서 조언한다면, '장'이 아니라 '절' 혹은 문단 단위로 반복해서 읽으라고 권장한다. 가령 1장이 문단 30~40개 정도로 이루어져 있다고 가정하면, 그 문단을 다시 절로 쪼갤 수 있는지 살펴보고, 가능하다면 한 절을 여러 '바퀴'를 돌리듯이 읽어 나가는 게 좋다. 예를 들어 1회차 때는 가벼운 마음으로 읽고 2회차 때는 문단별로 중요한 단어나 문장, 구절을 엷게 (마음속에서라도) 표시하면서 읽고, 3회차 때는 뒤 문단의 내용을 생각하면서 앞 문단의 내용과 어떤 관계인지, 또 문단과 문단 사이의 관계는 어떠한지를 생각하면서 읽어 나가면 좋겠다는 말이다. 전체적으로 보면, 개별 문단의 중심 내용을 파악하고 다른 문단과의 관계를 고려해서 전체 요점을 잡아 나가는 방식으로 읽자는 것이다. 또 여러 번 읽을수록 파악도, 요약도, 이해도, 정리도 그에 비례하여 쉬워진다. 반복해서 읽다 보면 앞의 회차 때 읽은 내용과는 '차이'를 느끼게 되며, 무시해도 될 정보가 무엇인지, 어떤 게 유머인지를 알 수 있고 문장이 각각 담고 있는 의미도 이해하게 되기 때문이다.

물론 이는 조언일 뿐이다. 더 나은 자기만의 독서법이 있다면 그걸 갈고 닦으면 된다. 푸코는 지금으로부터 거의 40년 전인 1984년에 행한 인터뷰 「실존의 미학Une esthétique de l'existence」에서 오늘날의 상황에도 딱 들어맞을, 그리고 지금 글의 대상과도 딱 부합하는 것을 말한다. 대담자이자 푸코의 콜레주드프랑스 강의록의 편집자 중 한 명인 알레산드로 폰타나Alessandro Fontana가 "훌륭한 저자는 많지만 훌륭한 독자가 점점 줄어들고 있다"라고 한탄하자 이렇게 대답한다. 다소 길지만 인용할 가치가 있다.

"'좋은' 독자는 신경 쓰지 마세요. 그리고 사람들이 더 이상 [책을] 읽지 않는 것은 사실입니다. 사람들이 쓴 첫 번째 책은 읽히는데, 이는 알려지지 않았기 때문이고, 사람들이 그가 누구인지 모르기 때문인데, 그래서 무질서와 혼란 속에서 읽히는 것인데요, 이는 제게 잘 어울립니다. 책을 왜 써야 하는지뿐만 아니라 책을 어떻게 읽어야 하는지에 대한 법칙을 정해야 할 이유가 없습니다. 유일한 법칙이 있다면, 모든 독서가 가능하다는 것입니다. 어떤 책이 읽히기만 한다면, 다른 방식으로 읽혀도 별반 문제가 없다고 생각합니다. 심각한 것은 책을 계속 쓰면서 더 이상 책을 전혀 읽지 않고 왜곡에서 왜곡으로, 다른 사람의 어깨에서 책을 읽으면서 책에 대한 절대적으로 그로테스크한 이미지에 이르게 되는 것입니다. 여기서 문제가 제기됩니다. 즉, 논쟁에 참여하여 이러한 왜곡에 각각 대응하고, 결과적으로 독자들에게 법칙을 제시해야 할까요? 저는 이런 것을 혐오합니다만. 아니면 이 또한 제가 혐오감을 느끼는 것인데, 책이 그 자체로 희화화(풍자화)가 될 정도로 왜곡되도록 내버려 두어야 할까요? 그러나 해결책이 있습니다. 제가 도입되기를 바랄 수도 있을 언론에 관한 유일한 법, 책에 관한 유일한 법은 저자의 이름을 두 번 사용하는 것을 금지하고, 익명 및 가명에 대한 권리와 함께 각 책이 그 자체로 읽힐 수 있도록 하는 것입니다. 저자에 대한 지식이 책을 이해하는 데 중요한 열쇠가 되는 책이 있습니다. 그러나 몇몇 위대한 작가를 제외하고, 대부분의 다른 작가들 대다수의 경우 이러한 지식은 전혀 도움이 되지 않습니다. 그것은 장벽으로만 작용합니다. 훌륭한 작가가 아니라 책을 쓰는 사람일 뿐인 저 같은 사람에게는 제 책이 어떤 결점과 자질을 가지고 있든 상관없이, 독자들 스스로 읽었으면 합니다."

오늘날 사람들이 점점 책을 읽지 않고 있다(이런 탄식은 옮긴이도 어려서부터 들었다), 그런데 쓰는 사람들도 책을 안 읽고 쓴다, 그러니 왜곡이 더 확산될 뿐이다, 따라서 일단 읽자, 필요하다면 저자를 지우고 읽자, 이런 얘기다. 푸코의 이 말에 내용을 약간 더 추가하자면, 이렇다. 어떤 책을 읽는 데 어려움이 느껴지면 2차 문헌의 도움을 받아도 된다. 단, 2차 문헌은 반드시 다른 책들과 비교하면서 읽어야 한다. 그런 후에 다시 원문을 읽어 보려고 하자.

다시 "네 가지 포인트"로 돌아가자. ①에 대해서는 약간 수정을 제안하고 싶다. 모든 글이나 사유체계가 반드시 이항대립을 전제하거나 바탕으로 하여 형성되는 것은 아니므로, '이항'에만 집착하지 말고 오히려 '대립'에 초점을 맞추어 읽어 보자는 것이다. 현대 프랑스 철학 서적뿐 아니라 예전의 문헌들도 대체로 어떤 문제의식을 담고 있는 글들이므로, 그 글의 문제 대상을 살피는 게 오히려 독해에 큰 도움이 된다. 그 문제의식이 이항대립으로 쪼개지고 그중 하나를 특권화하는 식으로 전개되는 경우도 있지만, A가 아니라 B라는 식의 대립 구도 속에 놓여 있는 경우도 많이 있기 때문이다.

* * *

책을 내는 과정에서 교정과 교열에 힘써 준 박장호 편집자에게 감사드린다. 또 업무 조율과 최종 교정 및 교열 등에 힘써 준 김지영 편집자, 그리고 무엇보다 장미희 기획위원에게 감사드린다.

노동에 대한 정부의 공격이 거세지고 있다. 편집을 비롯해 출판사의 모든 노동자들에게, 인쇄 노동자들에게, 물류 및 배송 업무에 종사하는 모든 노동자들에게, 진심으로 감사드린다.

2023년 4월 20일
현대정치철학연구회 연구회원 김상운
벌말에서

Philos 019

현대사상 입문

1판 1쇄 발행 2023년 6월 1일
1판 6쇄 발행 2024년 9월 23일

지은이 지바 마사야
옮긴이 김상운
펴낸이 김영곤
펴낸곳 (주)북이십일 아르테

책임편집 김지영 박장호 기획편집 장미희 최윤지
디자인 어나더페이퍼
마케팅 한충희 남정한 최명열 나은경 정유진 한경화 백다희
영업 변유경 김영남 강경남 황성진 김도연 권채영 전연우 최유성
해외기획 최연순 소은선 홍희정
제작 이영민 권경민

출판등록 2000년 5월 6일 제406-2003-061호
주소 (10881) 경기도 파주시 회동길 201(문발동)
대표전화 031-955-2100 팩스 031-955-215 이메일 book21@book21.co.kr

(주)북이십일 경계를 허무는 콘텐츠 리더

북이십일 채널에서 도서 정보와 다양한 영상 자료, 이벤트를 만나세요!
인스타그램 instagram.com/21_arte   페이스북 facebook.com/21arte
              instagram.com/jiinpill21   facebook.com/jiinpill21
포스트 post.naver.com/staubin   홈페이지 arte.book21.com
              post.naver.com/21c_editors   book21.com

ISBN 978-89-509-2740-0 03100

데리다, 들뢰즈, 푸코, 라캉, 메이야수…
복잡한 세계의 현실을 고해상도로 파악하고
인생을 혁신하는 '현대사상'의 관점

돌이켜 보면 현대사상을 통해 제가 격투해 온 것은 '질서와 일탈'이라는 테마
였습니다. 이 책은 입문서이기는 하지만, '질서와 일탈'이라는 두 극의 드라마
로서 현대사상을 다시 그려 낸 연구서이기도 합니다. 현대사상은 질서를 우
습게 여기고 앞뒤 생각 없이 일탈적인 것을 찬양하는 사상처럼 비판받을 때
가 있는데, 그것은 아니다, 더 어려운 것을 생각하는 것이다,라는 것이 제가
줄곧 생각해 온 것입니다. 현대사상은 질서를 가고정적인 것으로 간주하고
끊임없이 일탈이 일어나면서도 여러 요소가 어떻게든 공존하는 상태를 고찰
하고 있다는 것이 제 견해입니다. 그런 질서와 일탈의 관계는 제게는 예술의
문제, "예술적으로 산다는 것은 어떤 것인가"라는 문제이고, 그것이 어렸을
때부터의 테마였습니다.

—마치며에서